松尾大社
神秘と伝承

丘 眞奈美
〔監修〕松尾大社

淡交社

松尾大社大鳥居

松尾大社御社殿

松尾山磐座

松尾祭

松尾大社 神秘と伝承

刊行によせて

松尾大社宮司　生嶌經和

京都盆地を囲む三方の山々、東山・北山・西山を総称して京都三山という。自然と共存する京都の伝統と文化、信仰の源といっても過言ではないだろう。

松尾大社《まつのおたいしゃ》は、西山連峰の主峰ともいえる松尾山の麓に鎮座し、平安京以降は都の西の鎮護の神として、「松尾の猛霊《もうれい》」と称えられた古社である。

松尾山に登拝し、磐座《いわくら》近くの山腹に立ち東の方を望む。眼前には桂川の流れが悠々と広がり、左方には愛宕《あたご》山を間近に見、遥か東北方には比叡《ひえい》山、そしてそれに続く東山連峰を正面にして南東には稲荷《いなり》山と、ほぼ京都盆地を俯瞰することができる。そこでは平安京濫觴《らんしょう》以前の豊かな自然に恵まれた悠久《ゆうきゅう》のすがたに思いを馳せることができる。

平成から令和へと改元され新しい御代《みよ》を迎え、当社が去る平成二十七年から令和元年に亘り進めてきた「平成の御遷宮」事業を恙なく終えることができた。

顧みれば、前回の御遷宮事業であった昭和四十一年から四十六年に至る「昭和の大造営」終了後、永年の懸案であった神社史編纂に着手し、昭和五十一年には第一巻となる『松尾大社史料集文書篇一』を刊行し、現在まで計十四巻を発刊することができ、完結まであと数巻を残すのみとなった。その間、平成十九年には、一般向けの書物として『松尾大社』（学生社刊）を刊行し、神社の歴史、古くからの祭事などをわかりやすく解説し、啓蒙につとめてきた。

「平成の御遷宮」は、御本殿の御屋根葺替・修理を始めとする社殿等の修復、境内整備の諸事業を行い、同三十年には、御遷宮事業の中心をなす本殿遷座祭も無事齋行され、境内の面目も新たに益々の御神威の昂揚《こうよう》に資することができたと思われる。

加えて今回、「平成の御遷宮」事業の記念誌として、本書を上梓することができた。本書によって、古代から現代に至る松尾大社の歴史、数多くの祭事はもとより、京都の歴史をも一層広く深く探求し、発信することができれば望外の喜びである。

結びに、本書刊行にあたり、執筆のご苦労を煩わした丘眞奈美氏、史料吟味に携わってくれた当社の竹内直道禰宜、西村伴雄権禰宜、そして出版の実務でお世話になった淡交社の関係者の皆様に衷心より御礼を申し上げる。

令和元年十二月

目次

刊行によせて　松尾大社宮司　生嶌經和　6

第一章　神代　松尾山磐座と御祭神の伝承　15

松尾大社のはじまり　16
松尾山の古代祭祀、磐座と水源「水元さん」／創建の記録

松尾大社の御祭神　21
大山咋神と市杵島姫命／松尾と日枝に坐す「山の神」、大山咋神／素戔嗚命の御子、市杵島姫命／大海原を護る宗像三女神／東アジアをつなぐ女神

松尾大神の伝承　27
開拓神としての伝承／松尾大神の神使、亀と鯉／日本第一酒造之神の伝承／松尾大社と亀信仰

第二章　古代　松尾大社の創建と秦氏　37

松尾大社を創建した秦忌寸都理　38
秦氏とは　42

古代の東アジア情勢と秦氏／秦氏はどこから来たのか？／秦氏はいつ頃来たのか？／秦氏はなぜ大集団になったのか？

山背国と秦氏 52

葛野秦氏と深草秦氏／葛野秦氏の母なる葛野川、葛野大堰と洛西用水／葛野川を守護する神、櫟谷宗像神社と大井神社／葛野川を守護する寺、法輪寺／深草秦氏と伏見稲荷大社／秦氏と太秦／秦河勝と広隆寺／秦氏の祖先を祀る大酒神社／日神と養蚕神を祀る木嶋坐天照御魂神社（木嶋社）／元糺の池と三柱鳥居

秦氏と桂川流域の古墳、遺跡 75

松尾の古墳群と遺跡／嵯峨野・太秦古墳群と遺跡

第三章 平安京　千年の都を護る松尾大社

81

山背国遷都と松尾社 82

山背国への遷都と神階／葛野秦氏と桓武天皇一族／葛野秦氏と藤原氏

平安時代の松尾社 94

皇城鎮護の社、松尾の猛霊／名神大社と二十二社／槻木事件／御笏落つ事／松尾社の祈禱と神階／松尾社への行幸／御社領と信仰の広がり

武家社会における松尾社 108
源頼朝と松尾社／室町幕府と松尾社／御社殿の焼失と再建／西岡被官衆と室町幕府／戦国から江戸時代の松尾社
江戸期の地誌に描かれた松尾社 121
明治時代以降の松尾社 123

第四章 まつり 松尾大社と山背国の信仰空間 127

現在の松尾大社の年中行事 128
『松尾社年中神事次第』から見る六百年前の年中行事 132
初夏を彩る洛西の大祭、松尾祭 143
「松尾の国祭」（神幸祭）と「松尾の葵祭」（還幸祭）／勇壮な桂川の船渡御、神幸祭（おいで）／葵と桂の祭典、還幸祭（おかえり）
京都における三つの「葵と桂の祭典」 153
秦氏とカモ氏をつなぐ「元糺」と「糺」 156
平安京の二大勢力、秦氏とカモ氏／古代祭祀場だった糺の森と池／糺、元糺を結ぶ、太陽と山と水を祭祀する遥拝線

第五章　能楽・文芸　描かれた松尾大社　161
清少納言と「松の尾」　162
能・狂言と松尾大明神　164
歌謡、和歌に詠まれた松尾社　166
西行と吉田兼好　170
井原西鶴と酒の神　173
本居宣長と大山咋神　174
上田秋成と延朗上人　176

第六章　建造物・文化財・庭園　松尾大社へのいざない　179
古絵図の松尾社と修復の歴史　180
御社殿と文化財建造物　184
松尾大社の建造物の魅力／御本殿／中門（神門）・釣殿・廻廊・神庫・神饌所／楼門／拝殿／境内末社／赤鳥居の「勝勧請」／社務所・客殿・参集殿・授与所・葵殿／神像館（宝物館）／瑞翔殿・清明館「お酒の資料館」

松尾大社の御神像　200
神仏習合の時代を伝える三御神像／様々な御神像
庭園と境内名所　207
名庭「松風苑」／霊亀の滝と御手洗川、亀の井／一ノ井川と山吹／相生の松／幸運の撫で亀と双鯉
境外摂社　210
葛野坐月読神社／櫟谷宗像神社
境外末社　217
三宮神社／衣手神社／綱敷行衛天満宮
御旅所　222
西七条御旅所／朱雀御旅所（松尾總神社）／旭の杜（西寺跡）
神宮寺跡　225

松尾大社境内図　229
あとがき　230
参考文献　234

第一章

神代　松尾山磐座と御祭神の伝承

松尾大社のはじまり

松尾山の古代祭祀、磐座と水源「水元さん」

京都の繁華街を貫く四条通の西の果て、そこには今も昔も変わらぬ大自然のパノラマが広がる。悠々たる桂川、右岸に西山が連なり、山々の緑に映える松尾大社《まつのおたいしゃ》の朱塗の大鳥居がランドマークになっている。西山の峰々は東山から昇る朝日に輝き、沈む夕陽は西方浄土へ誘うかのようである。山麓の葛野郡《かどのぐん》松尾村上（山田）に最初に住んだ人々は、豊かな水源をもつ松尾山を神奈備《かんなび》とし、磐座《いわくら》に「生活神」（山の神）を祀っていた。その磐座は『秦氏本系帳《はたしほんけいちょう》』には日埼岑《ひさきのみね》（松埼日尾《まつざきひお》）とある。

信仰の源、松尾山は別名、分土山（『山城名勝志《やましろめいしょうし》』）、別雷山（『山州名跡志《さんしゅうめいせきし》』）といわれていた。氏子さん達は崇敬をこめ「おやま」と呼ぶ。松尾山には原生林が生い茂り、神聖な空気が満ちている。山には七つの谷があり、その一つ大杉谷《おおすぎだに》にある注連縄《しめなわ》がはられた巨石が磐座である。先住民が大山咋神《おおやまぐいのかみ》を祀った御神蹟、御鎮座場で、御神職以外は許可なく登拝はできない。

磐座の近くに、松尾山の水源を祀る「水元《みずもと》さん」がある。ここから湧く「清涼なる水」は、太古から涸れたことがないという。湧水は御手洗谷《みたらしだに》へ流れ「霊亀《れいき》の滝」となり、傍らにある霊水「亀《かめ》の井《い》」の水源となっている。この霊水は「延命長寿・よみがえりの水」として知られ、酒に入れると腐らないといい、醸造家は酒造りの元水に加えて尊んでいる。御手洗谷一帯は神気に満ち、松尾山の生命力が最も感じられる場所である。滝を拝する滝御前社《たきごぜんしゃ》には水の神罔象女神《みづはのめのかみ》が祀られている。この神は、水源とそこから流れる水を司る神である。滝の中腹には「天狗岩」という天狗の顔に似た岩があり、御神域を護っているかのようにみえる。この滝には、元号が変えられるような奇瑞が伝えられている（35頁参照）。

御本殿裏の巨石

松尾山の七つの谷の水は御社殿裏の御手洗《みたらし》川に合流し、「曲水《きょくすい》の庭」を経て社務所裏手で一ノ《いちの》井《い》川に合流する。松尾一帯に住んだ人々にとって、松尾山の水は生活・農業用水となる「命の水」だった。水源である松尾山は「山の神」であり、「田の神」でもあったのである。

松尾大社は平成二十五年（二〇一三）九月十五日から十六日にかけて京都を襲った台風十八号により大きな被害を受け、重要文化財の御本殿を護るために御本殿裏山の樹木を伐採したところ、巨石が現れた。巨石は御本殿に向いており、第二の磐座ではないかと騒然となった。この巨石について、「御本殿創建場所として、磐座と似た巨石の傍らを選んだのではないか」、「磐座の神様を山から御本殿にお遷《うつ》しお鎮まり頂くのに長い間神事を重ねたと考えられる。まずは磐座からこの巨石にお降り頂いてから、御本殿にお迎えしたのではないか」など、様々な推測がなされた。結論は今後の調査による。

創建の記録

松尾の里を悩ませたのが、「暴れ龍」のごとく氾濫を繰り返す葛野川（桂川）だった。この川に文明のメスを入れ、人との共存を可能にしたのが秦氏《はたし》である。彼らは大陸の技術、文化を携えて日本に渡来し、先端技術や財力などをもって国造りに尽力した。葛野の地においては、葛野川の治水、灌漑に成功し、広大な農地を拓いて定住。養蚕《ようさん》、機織、工芸などの産業を興し、繁栄した。

大宝元年（七〇一）、一族の首長、秦忌寸都理《はたのいみきとり》が松尾山麓に神殿を建てた。そして先住民の祀った山の神（大山咋神）と秦氏が奉斎する水の女神（市杵島姫命《いちきしまひめのみこと》）を、「開拓の守護神」として松尾山磐座から御社殿に遷して創建した。

松尾大社創建や秦氏の伝承、系譜を伝える文献に『秦氏本系帳』がある。この本系帳は『日本三代実録《さんだいじつろく》』（平安初期の歴史書）に、元慶五年（八八一）、松尾社祝部氏人が提出したとある。秦氏の子孫、惟宗公方《これむねのきんかた》の著とされる現存する最古の公事書『本朝月令《ほんちょうがつりょう》』（平安中期成立）には、『秦氏本系帳』を引用し、松尾社創建についてこのように記されている。

秦氏本系帳にいう。正一位勲一等松尾大明神の御社は、筑紫胸形坐中部大神《つくしのむなかたにますなかつのおおかみ》、戊辰の年三月三日、松埼日尾に天下《あまくだり》をされた（また日埼岑という）。大宝元年、川辺腹の男、秦忌寸都理、日埼岑より更に松尾に勧請《かんじょう》し奉った。また、田口腹の女、秦忌寸知麻《ちま》（満）留女《るめ》、はじめて御阿礼《みあれ》を立てた。知麻留女の子、秦忌寸都駕布《つがふ》が戊午の年より祝《はふり》となり、子孫が伝え受け継いで大神を祀った。

筑紫胸形坐中部大神は、宗像大神の一柱である市杵島姫命《いちきしまひめのみこと》である。ここに大山咋神の記述がないのは諸説あるが、すでに地主神として祭祀されていたからだといわれている。都理が文武《もんむ》天皇の勅命で神殿を創建した記録は、平安末期に成立した辞書『伊呂波字類抄《いろはじるいしょう》』（橘 忠兼《たちばなのただかね》撰）の松尾の条にも「本朝文集云、大宝元年秦都理始建立神殿　立阿礼居斎子供奉」と記されている。平安末期の有職故実書『江家次第《ごうけしだい》』（大江匡房《おおえのまさふさ》著）にも「大宝元年、秦都理始造立神殿、天平二年預大社者」とあり、聖武天皇の天平二年（七三〇）に大社となる記事が付加されている。同じ記録が室町時代成立の『二十二社註式《ちゅうしき》』（吉田兼倶《よしだかねとも》撰）にも記載されている。また、江戸時代の山城国の地誌にもみられる。『雍州府志《ようしゅうふし》』（黒川道祐《くろかわどうゆう》著）には、「文武天皇大宝元年、秦都理承勅、始自分土山大杉谷、移神殿于今地祭之」とあり、『山城名勝志』（大島武好《おおしまたけよし》著）には、「社家説云、秦都理始建社奉遷神、今宮所是也、乾方分土山有往昔降臨鎮座之岩、此所謂御岩谷、亦有住谷、往昔神住給故也、神詠曰、千早振分土山仁住宮之氏天降事神代与利先、又山城分土山右分土山並神世与利先乃儀、一社口決有之」とある。

大宝元年は、松尾山に坐した大自然の神が、神事により里に降り社に鎮まり給うという、祀り方が大きく変化した年だった。さらに大山咋神と市杵島姫命という男女の神様が出会い、共に祀られた。秦忌寸知満留女により御阿礼（神様をお迎えする神事）が行われ、その子、秦忌寸都駕布が祝（神主）となってからは、子孫である秦氏が代々社家（幹部神職）を世襲、継承した。明治までは秦氏子孫の東《ひがし》家と南《みなみ》家が宮司、社家を勤めてきた。

松尾大社の御祭神

大山咋神と市杵島姫命

哲学者の梅原猛氏は『洛西』四十号（松尾大社社務所、平成八年七月十七日発行）に、「松尾大社に坐す神は、縄文と弥生の神の融合という、日本成立の秘密を語る神であることは間違いない」と書いている。さらに、「鳴鏑《なりかぶら》（狩猟に使う）に象徴される縄文時代の山の神・大山咋神と、農耕が始まった弥生時代以降に秦氏に勧請された豊穣の女神・市杵島姫命はそれを物語る」と叙述している。

御祭神について『延喜式《えんぎしき》』の神名帳《じんみょうちょう》にはこのようにある。

松尾神社《まつのをのかみのやしろ》二座　並名神大《みなみょうじんだい》、月次《つきなみ》・相嘗《あひなへ》・新嘗《にいなへ》　山城国葛野郡鎮座

『延喜式』は醍醐《だいご》天皇の命により延喜五年より編纂がはじめられ、延長五年（九二七）に完成した律令の法令集。巻九・十は、官社（式内社）に指定された全国の神社の一覧となっている。そ

こに二柱の神々を祀り、古より霊験が著しい神に対する「名神大社《みょうじんたいしゃ》」（並名神大）の称号が記されている。これは名神祭の対象となる神を祀る格式ある神社を意味する。

社伝では二柱の神々は、大山咋神（松尾山磐座の地主神、松尾山一帯を支配する神）と市杵島姫命（別名中津島姫命《なかつしまひめのみこと》・狭依毘売命《さよりびめのみこと》、海上守護の神）とされ、御神徳は開拓、土木、建築、商業、文化、寿命、交通、安産、水難除け、日本第一醸造神（酒造、味噌、醤油、酢などの製造業者からの信仰）となっている。二柱の神々は松尾（大）神と総称され、神仏習合においては松尾（大）明神と称された。

松尾と日枝に坐す「山の神」、大山咋神

大山咋神について、『古事記』にはこうある。

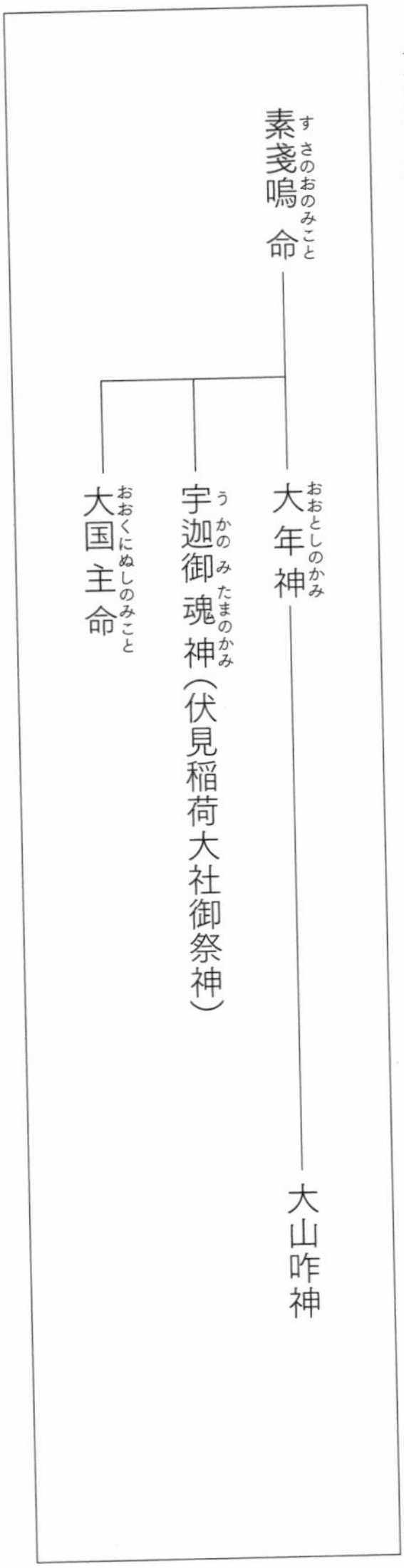

大年神が天知迦流美豆比売神《あめしるかるみづひめのかみ》を娶り大山咋神を産む。またの名を山末之大主神《やますえのおおぬしのかみ》という。この神は近淡海国《ちかつあふみのくに》（滋賀県）の日枝山《ひえのやま》（比叡山《ひえいざん》）に坐す。また葛野郡の松尾に坐す鳴鏑を用うる神。

大山咋神については、このような解釈がなされている。『古事記伝』（本居宣長著）では、「山の頂上を支配する偉大な神」で、「咋」は「杭」の意味で、「山に杭を打ち」山と山麓を支配する地主神としている。また、鎌倉時代の『日本書紀』の注釈書『釈日本紀』には、「松尾と日吉《ひえ》とは同体なり」と記され、大山咋神は松尾山と比叡山を支配する「山の神」（地主神）とある。比叡山東麓にある日吉大社《ひよしたいしゃ》（滋賀県大津市坂本）は全国の日吉、日枝《ひえ》、山王《さんのう》神社の総本宮である。天台宗総本山比叡山の護法神となり、日吉山王権現《ひえさんのうごんげん》と称された。平安京の鬼門にあることから方除けの社としても知られる。

大山咋神は日吉大社の原点である八王子山（牛尾山《うしおさん》・波母山《はも》）の金大巖《こがねのおおいわ》という磐座に宿り、ここに地主神として東本宮《ひがしほんぐう》に祀られている。磐座の東西に大山咋神と后神の荒御魂《あらみたま》を祀る奥宮がある。山には古墳群があり、豊かな湧水が流れている。松尾大社と日吉大社東本宮は同じ御祭神を祀り、共に御神紋を「双葉葵」としている。松尾山と八王子山には、巨大な磐座、古墳群、豊かな湧水があるという共通点がある。
また『秦氏本系帳』（『本朝月令』所収）にはこのような記述がある。

秦氏の女が葛野河で洗濯をしていると上流から一本の矢が流れてきた。女はこれを持ち帰り、戸の上に刺しておいた。すると夫もないのに女は妊娠し、男の子を産んだ。女の両親はこれを不審に思い問い責めたが知らぬという。そこで一族を集め大饗宴を開き、その男の子に盃をとらせ、「父親と思う者に盃をむけよ」と命じた。その時、男の子は衆人に盃をむけず、戸の上の矢を仰ぎ見て、指さした。矢はたちまち雷公となり屋の棟を突き破り昇天した。（中略）戸の上の矢は松尾大明神である。

鳴鏑（鏑矢《かぶらや》）とは鏃《やじり》の根元に音を発する鏑がついた矢をいう。『史記』には漢民族を脅かした匈奴《きょうど》（遊牧騎馬民族）が使用していたとあり、開戦の合図や信号に使っていたという。正倉院御物にもあり、日本では邪気を祓うものとされ、流鏑馬《やぶさめ》などの儀式に使われてきた。
矢を太陽の光とする説を展開する研究者も多い。その根拠は、モンゴルや朝鮮半島の始祖伝承にある「日光感精伝承《にっこうかんせいでんしょう》」（女性が日光に感精し男児を生む）としている。

素戔嗚命の御子、市杵島姫命

市杵島姫命について、『古事記』にはこうある。

天照大神と素戔嗚命と天安河《あめのやすかわ》を挟んで誓約《うけい》をされた時に生まれた神。天照大神が素戔嗚命の持つ十拳剣《とつかのつるぎ》を取り三段に折り、勾玉を揺らしながら、天眞奈井《あめのまない》の水ですすぎ噛んで吹き出した狭霧の中に、多紀理毘売命《たきりびめのみこと》、またの名を奥津島比売命《おきつしまひめのみこと》、市杵島比売命、またの名を狭依毘売命、多岐都比売命《たきつひめのみこと》（田寸津比売命《たきつひめのみこと》）という三柱の神が生まれた。（中略）多紀理毘売命は胸形《むなかた》（宗像）の奥津宮《おきつみや》に、市杵島比売命は中津宮《なかつみや》に、多岐都比売命は辺津宮《へつみや》に御鎮座する。この三柱の神は胸形君（宗像氏）らが祀る三前大神《みまえのおおかみ》（三社からなる宗像大社）である。

『古事記』には三女神が天照大神の命により皇孫瓊瓊杵尊《ににぎのみこと》を護るために玄界灘《げんかいなだ》に浮かぶ筑紫宗像の島々に天降ったと書かれている。宗像地方の伝承では、宗像と玄界灘全域を支配した宗像氏ら海人族が奉じた神々といわれている。

大海原を護る宗像三女神

宗像大社（福岡県宗像市）は、全国の宗像神社、厳島《いつくしま》神社など、宗像三女神を祀る神社の総本社である。二〇一七年七月に「神宿る島」宗像・沖ノ島と関連遺産群として世界遺産に登録された。四～九世紀の東アジア諸国間の重要な交流を示し、古代からの神聖な島を崇拝する文化的伝統を継承するたぐいまれな例であることが評価されたのである。宗像大社は三つの宮の総称である。現在は『古事記』とは御祭神の配列が異なり、辺津宮《へつぐう》（宗像市田島）に市杵島姫神、中津宮《なかつぐう》（宗像市大島）に湍津姫神《たぎつひめのかみ》、奥津宮《おきつぐう》（沖ノ島）に田心姫神《たごりひめのかみ》が祀られている。

東アジアをつなぐ女神

辺津宮から中津宮まで十一キロメートル、中津宮から奥津宮まで四十九キロメートル、その直線上を百四十五キロメートル進むと朝鮮半島の釜山に至る。宗像大社は朝鮮半島との最短距離にあり、古代より海上交通の要衝で、東アジア諸国の船は沖ノ島を道標にしていたという。朝廷は古くから、航海安全を守護する玄界灘の神として篤い信仰をよせていた。島全体が御神体で、古来の自然崇拝を伝えている。大海原をこえてきた秦氏にとっては「命綱のごとき神」だったのだろう。無事に日本に渡来できたことを感謝し、洛西総氏神としてお迎えしたと考えられている。宗像大社の祭祀にかかわる壱岐《いき》氏と秦氏の関係については、壱岐氏が創建した月読《つきよみ》神社の項で詳しく述べることにする（210頁参照）。

市杵島姫命は、弁財天と習合し、福徳、音楽、芸能、財宝などを守護する御神徳が加わった。弁財天の原型はヒンドゥー教の女神サラスヴァティーで、「聖なるサラスヴァティー河の化身」を起源とする「水と豊穣の女神」である。この女神は現在、松尾大社境外摂社である櫟谷《いちたに》宗像神社にも祀られ、嵐山弁財天として親しまれてきた（215頁参照）。秦氏が氏神とした女神は、東アジア諸国をつないだ導きの神だったのである。

松尾大神の伝承

開拓神としての伝承

秦氏による葛野川治水と開拓を伝える御神蹟は、山背国《やましろ》（京都盆地）だけでなく上流域の丹波《たには(わ)の》国桑田郡《くにくわたのこおり》（亀岡盆地）にまで及んでいる。亀岡盆地は、太古には湖だったという伝承があり、その水を抜き山背国まで流すために保津峡《ほづきょう》の開削が重要だったようである。桑田郡の地名は、養蚕技術に優れた秦氏が保津峡を開削し、亀岡盆地を開拓して桑の田にしたというといういわれがある。丹波の語源について『諸国名義考』（江戸後期）では「田庭《たにわ》」としているが、松尾大明神が登場するこのような由来も伝わっている。

丹波地方は昔、「丹の湖《にのうみ》」と呼ばれる赤色の泥湖だった（丹の波がたつので丹波という）。大山咋神が湖を裂くと水は涸れて国土が広がった。用いた鍬《すき》を御神体とする神は松尾大明神（大山咋神）である。松尾大明神は、浮田《うきた》の峡（保津峡）を開削し、大堰川を通し、浮田の峡から上嵯峨まで川を作った。その左右に開削した土で亀山《かめやま》と荒子山《あらしやま》（嵐山）をつくった。共に分土山という。

この伝承は『神代系図伝』や『日本書紀伝』（『日本書紀』の注釈本、鈴木重胤《すずきしげたね》著、文久二年・一八六二）にある。桑田郡には、出雲族が多く住んでいたといわれている。その根拠が出雲の神、大国主命による桑田郡の開拓伝承である。この開拓事業は同じく出雲系の大山咋神（素戔嗚命の孫神）との共同作業だったのかもしれない。亀岡市内には松尾神を開拓神として祭祀する社が数多くあり、以下のような伝説がある。

■鍬山《くわやま》神社（亀岡市上矢田町、御祭神　大己貴尊《おおなむちのみこと》）

大己貴尊（大国主命）は出雲の八柱の神と談合し、浮田の峡（保津峡の口）を切り開き、水を山城国へ流して亀岡盆地を開拓。その時使った鍬を当地に山積みにした。

■桑田《くわだ》神社（亀岡市篠《しの》町山本、御祭神　市杵島姫命・大山咋神配祀）

市杵島姫命と大山咋神が、鍬山神社御祭神と共にここから保津峡開削をはじめ、亀岡盆地を開拓した。大山咋神が開削に使った鍬と短剣が納められ祀った。※盆地の入り口にある重要な地で、秦氏が早くに進出した。社伝では「田庭」が丹波の語源としている。

■請田《うけた》神社（亀岡市保津町、御祭神　大山咋神・市杵島姫命）

保津川開削着工の鍬入れを請け負った地という由緒が、社名になった。御祭神大山咋神は丹波国開拓のために出雲から来たと伝わる。

※桑田神社と請田神社は保津峡入口の桂川両岸に向かいあって御鎮座している。

■村山《むらやま》神社（亀岡市篠町、御祭神　大山祇命《おおやまづみのみこと》・木花開耶毘売《このはなさくやひめ》）

御祭神が干拓、開拓に参加した。

■松尾《まつのお》神社（亀岡市旭町今峠、御祭神　大山咋神・市杵島姫命）

秦河勝《はたのかわかつ》が聖徳太子の命により創始した。

古代の丹波国（亀岡盆地）では、秦氏と出雲族が連携して保津峡を開削。泥湖を干拓し、農地を拓いたのではなかろうか。

松尾大神の神使、亀と鯉

『亀使令』（松尾大社所蔵）には、このような伝承が書かれている。「松尾大神は丹波地方へ巡視するのに大堰《おおい》川を遡り、流れが速い所は鯉に、ゆったりした流れの場所では亀に乗られたので、亀と鯉が神使とされた。」

よく似た言い伝えが、亀岡市大井町並河の大井《おおい》神社の創建にかかわる伝承にある。「大宝二年、月読命と市杵島姫命が松尾大社から亀の背に乗り大堰川を遡上された。八畳岩あたりで保津の急流の影響で進めなくなった。そこで鯉に乗り換え亀岡勝林島《しょうりんじま》（河原林）の在元淵まで来られ、工匠が社を創建した。のちに大井に遷られた。在元淵に建てられた社を在元社という。」

大井神社の神使いが鯉なので、氏子さん達は鯉を釣ることも、食べることも禁忌とし、端午《たんご》の節句に鯉のぼりをあげないという。「鯉を食べると腹痛になるぞ、鯉が描かれた絵図は絶対に粗末にしてはいけない」と言い伝えられてきた。

社伝では元明天皇の勅命で和銅三年（七一〇）に創建され、月読命《つきよみのみこと》、市杵島姫命の他に、木《きの》保命《またのみこと》（御井神《みいのかみ》）を祀るとある。この神にまつわるこのような縁起が伝えられている。「神々が『丹の湖』を開拓し水が無くなった。しかし、旱魃がきても決して涸れない井戸が残った。『大いなる井戸』といわれ、その故事が大井という名の発祥である。井戸に万一のことがあれば、平野が湖に戻るか旱魃が起こるかというので木俣神（御井神）が勧請され祀られた。」

境内には「丹の湖」を伝える神泉「丹の池」がある。現在は宅地開発などの影響で水は涸れてしまったが、かつては鉄分を含む赤い水が湧いていたという。

神輿庫にならんでいる酒樽

日本第一酒造之神の伝承

松尾大社は「お酒の神様」として、全国の酒造家から醸造祖神として篤い信仰を集めてきた。境内には「日本第一酒造之神」という文字が彫られた石の常夜燈があり、神輿庫には全国の酒蔵から奉納された酒樽が高々とならべられている。酒造家で組織される千歳講は、伏見、灘などの酒処はもちろん北は北海道、南は沖縄、さらに韓国、台湾、中国に至るまで広がっている。

「卯《う》」は甘酒を、「酉《とり》」は酒壺を意味するといい、酒造りは「卯の日」に始まり「酉の日」に完了する習わしがある。松尾大社では、醸造完成感謝祭として四月に中酉祭《ちゅうゆうさい》を行い、新米での醸造が始まる十一月には醸造安全祈願祭として上卯祭《じょううさい》を行っている。

上卯祭では御本殿の廻廊に全国の酒屋、味噌、醤油などの醸造業者に授与される「大木札《だいもくさつ》」がずらりとならぶ。神事の後、参拝者はそれを持ち帰り会社の神棚に祀る。この日、茂山社中により「福の神」という狂言が奉納される。この狂言では「松尾大明神は神々の酒奉行」と謳っている。

岡山県の備中神楽《びっちゅうかぐら》（重要無形民俗文化財）には、松尾大明神が酒造りを頼まれ大蛇に飲ませるというストーリーが入っている。社の宝物館には備中神楽で使用される松尾大明神の神楽面がある。

酒の神になった由縁が、松尾大社に伝わる『酒由来之事』にある。

神代の昔、八百万の神々が松尾山に神集《かむつど》い、神議《かむはかり》をされた。この時に松尾大神が山田（社の所在地松尾村山田郷）の米を蒸し山裾より湧く水をもって一晩で酒を造り、それを大杉谷の杉で作った器に注いで諸神に供応したところ、大いに喜ばれた。

天保三年（一八三四）、渡邊隆道が越後国へ配札に行く時に書き渡された『造酒三神と云所謂書』には、境内の霊泉「亀の井」の縁起についてこうある。「聖武《しょうむ》天皇の御世、天平五年に当社の御手洗谷より醴泉《れいせん》が湧き出た。この時、皇太神が宣託して『この霊泉を飲むべし。諸々の病を癒し延命長寿となる。またこの御手洗の泉で酒を醸《かも》し、我を祀れば寿福が増長、家門繁栄、自然と酒造の業に霊功を得る』といった」とある。酒造家は霊泉「亀の井」の水を持ち帰り、酒の仕込み水に入れる。腐らず旨い酒ができるという。延命長寿、よみがえりの水としても信仰を集めてきた。

亀の井

もう一つ、松尾大社が酒造神になった理由として、秦氏が有した「大陸伝来の醸造技術」が考えられる。それを示唆するような興味深い記録がある。

秦造《はたのみやつこ》の祖、漢直《あやのあたい》の祖、酒造（杜氏）の仁番《にほ》、またの名を須須許理《すすこり》らも渡来した。須須許理が大御酒《おおみき》（天皇や神に捧げる酒）を醸して（酒を造り）天皇に献上すると、天皇は大御酒にうらげて（気分が良くなり）御歌を詠まれた。

須須許理が　醸《か》みし御酒《みき》に　我酔《われゑ》ひにけり　事無酒《ことなぐし》　笑酒《ゑぐし》に　我酔ひにけり
（須須許理が醸した酒に酔った。厄災を祓う酒、笑いがあふれ楽しい酒に酔った）
（『古事記』応神天皇記）

米を原料とした酒造りが始まったのは稲作が定着した弥生時代で、九州や近畿が起源とされている。当初は「口嚙《くちか》み酒《ざけ》」（巫女が穀物を嚙んで仕込む酒）だったという。須須許理は大陸伝来（周で開発か？）の麴《こうじ》による酒造を伝えたといわれる。その麴は「加無太知《かむたち》」と呼ばれ、米麴醸造が普及するきっかけになったという。

秦氏が拠点とした太秦《うずまさ》（京都市右京区）にある大酒《おおさけ》神社（大避大明神）には、秦酒公《はたのさけのきみ》が祀られている。同名の大酒（避）神社は、秦氏が拠点とした播磨《はりま》国赤穂《あこう》や備前《びぜん》国にも多く分布する。これらの酒というキーワードは秦氏が酒造りを伝えたことを物語るようである。

松尾大社と亀信仰

磐座近くの「水元さん」から涸れることなく流れる霊亀《れいき》の滝。その滝水が落ちる御手洗谷には、瑞祥《ずいしょう》（おめでたいしるし）をもつ霊亀が現れた伝説がある。

和銅八年（七一五）に「長さが八寸、幅が六寸、首に三台（三つの星）、背中に七つの星（北斗七星）、前足に離《り》の卦《け》を顕《あらわ》し、後足に一支あり尾に緑毛・金色毛の混じった」霊亀があらわれた。神主と左京職《さきょうしき》の役人が朝廷に献上した。おりしも元正《げんしょう》天皇の即位があり、帝はこの奇瑞をめでたいとし年号を霊亀とした。

聖武天皇の天平元年（七二九）にも、背中に「天王貴平知百年」という文字が書かれた霊亀が出現している。この時も左京職が霊亀を献上し、霊亀六年が天平元年と改元された。

霊亀の滝

『松尾皇太神宮記』（元禄十四年・一七〇一）には、松尾大神は亀を使者とし、川を征し国を拓き松尾に御鎮座された。大神が乗られた亀は亀山（右京区嵯峨野）になったと伝わる」という記述がある。中国古典『礼記《らいき》』には、縁起の良い瑞獣《ずいじゅう》として麒麟《きりん》、鳳凰《ほうおう》、応《おう》龍《りゅう》、霊亀が記されている。平成の御遷宮による御本殿修復の際に、御帳台《みちょうだい》から瑞獣の絵図が発見された。

中国伝承では霊亀は優れた王の治世に現れるという。「亀は万年」といわれるのは、不老不死の仙人の僕《しもべ》だからである。千年以上生きた霊亀は将来を予見する強力な霊力を持つとされていた。古代中国では、亀卜《きぼく》という亀の甲羅を焼いて吉凶をみる占いで国家の大事を決めていた。日本の国家的占術は太占《ふとまに》（鹿の骨を焼いて占う）だったが、中国から亀卜が輸入されるとこれを採用し、律令下の正式な占術とした。亀卜を行い技術の伝承をする卜部《うらべ》という技能者を神祇官の管轄下に組織した。卜部は対馬《つしま》、壱岐、伊豆《いず》から選ばれた。優秀な卜部は、宮主《みやじ》（天皇と皇族専属の卜占師）に選ばれ、天皇直属の者は大宮主とされた。この儀式は現代に受け継がれ、令和の皇位継承に伴い大嘗祭で供える米の収穫地を決める「斎田点定《さいでんてんてい》の儀」においても、亀卜により京都府と栃木県が選ばれた。

月読神社を創始し神官を世襲していたのが、亀卜を継承、実施した壱岐卜部氏である（212頁参照）。秦氏と壱岐卜部氏の連携の中で、亀の霊験が深められてきたのかもしれない。古代の東アジア諸国において、「亀の霊力」は王権の危機管理に不可欠なものとされていたのである。

第二章

古代 松尾大社の創建と秦氏

松尾大社を創建した秦忌寸都理

松尾大社では、大宝元年（七〇一）、文武《もんむ》天皇の勅命を賜った秦忌寸都理《はたのいみきとり》が御社殿を造営し、磐座《いわくら》の神霊を遷し祀ったのを創建としている。都理とは、いかなる人物なのか。そして、どのような時代背景の中で社が創建されたのかをひもといてみよう。都理の後裔で明治まで神主家を世襲した東《ひがし》家の系図の冒頭部分は、このように書かれている。

神饒速日命《かむにぎはやひのみこと》孫

宗祖

徳山秦都理 ―― 峯雄 ―― 有司

（徳山秦都理）大宝元年文武天皇依勅命 秦都理承松尾神殿造立神主也

（峯雄）神主兼櫟谷祢宜

（有司）神主兼櫟谷祢宜

都理を始祖ではなく宗祖としているのは、特別な存在だったことを伝えている。彼の「忌寸」という姓《かばね》は八色《やくさ》の姓の上から四番目で、国造《くにのみやつこ》（地方官）や有力渡来氏族に与えられるものである。都理は千年あまり続く社家の精神的支柱であり、朝廷から一目おかれた葛野郡の首長だったと考えられる。東家に保存された『松尾皇太神宮記』に、このような記述がある。

文武天皇の御世、藤原不比等《ふじわらのふひと》が大杉谷の御生所《みあれ》へ赴いたときに、松尾大神が分土山（松尾山）の麓に遷って百王の宝祚《ほうそ》（皇位）を守護せんと告げられた。不比等は由を奏上したところ、秦都理が勅命をうけて遷座した。

大宝元年は、政治が大きく変わった節目である。朝鮮半島における「白村江《はくそんこう》（はくすきのえ）の戦い」（六六三年）の敗北は、大陸勢力に支配される危機感を与えた。天武《てんむ》天皇は緊迫する東アジア情勢に対応するために律令制定の詔を発令したが、志なかばで崩御。文武天皇の治世になり、権力の中枢を掌握した不比等が中心となって大宝律令《たいほうりつりょう》が制定され、日本ではじめて律（刑法）と令（行政法など）がそろった本格的な律令が成立した。このときに、倭国にかわり日本という国号が制定されたともいわれる。大宝律令により律令国家建設の基礎ができあがり、中央主権国家の政治のかたちが整ったのである。

この時に「二官八省《にかんはっしょう》」という官庁組織がつくられた。二官とは朝廷祭祀を司る神祇官《じんぎかん》（かんづかさ）と、八省（中務省《なかつかさしょう》、式部省《しきぶ》、治部省《じぶ》、民部省《みんぶ》、大蔵省《おおくら》、刑部省《ぎょうぶ》、宮内省《くない》、兵部省《ひょうぶ》）を統括する太政官《だじょうかん》である。唐の制度が参考にされたが、日本独自のものが神祇官である。神祇官は太政官より上位にあり諸官の最高位とされた。諸国の官社を統括し、祝部（神官）を管理した。神祇伯《じんぎはく》を長官に、副《すけ》、祐《じょう》、史《さかん》という四等官《しとうかん》制で、伴部《とものみやつこ》（職業部・特殊技能者）として神部《かんべ》、卜部《うらべ》、使部《つかいべ》、直丁《じきちょう》などがおかれた。

初期の神祇伯は中臣《なかとみ》氏が多く任命され、不比等政権下で神祇伯となり権力をもったのが藤原意美麻呂《おみまろ》である。鎌足の甥（娘婿）で不比等が成人するまで氏上《うじのかみ》だったが、文武天皇二年（六九八）八月十九日に出された「藤原朝臣の姓は不比等の子孫のみが継承せよ。意美麻呂らは朝廷祭祀を司るので旧姓（中臣）に復すべし」（『続日本紀』）という詔で改姓することになった。意美麻呂は中臣姓に戻り、和銅元年（七〇八）に神祇伯に就任している。息子清麻呂《きよまろ》から、朝廷祭祀を司る貴族の姓である大中臣氏《おおなかとみうじ》と称し、神祇伯を世襲した。歴史学者の朧谷寿氏は、「意美麻呂を最初に不比等の系統以外が中臣に改姓したのは、藤原が政治、中臣が祭祀と、役割分担をして政治・祭祀の権力を掌握しようとした狙いがあるのでは」と指摘する。

中臣氏と葛野秦氏のつながりを示す、このような記述がある。

山背国葛野郡の月読《つきよみ》神（月読神社）、樺井《かばい》神（樺井月《かばいつき》神社）、木嶋《このしま》神（木嶋坐天照御魂《このしまにいますあまてるみたま》神社）、波都賀志《はつかし》神（羽束師坐高御産日《はづかしにいますたかみむすび》神社）の神稲を中臣氏に給する。

（『続日本紀』大宝元年四月三日条）

木嶋坐天照御魂神社は秦氏宗家の本拠地太秦《うずまさ》にあり、秦氏が土着の天照御魂神祭祀を継承したという説がある。この記述について『秦氏の研究』の著者である大和岩雄《おおわいわお》氏は、このように指摘している。

月読神、樺井神は月神であり、木嶋神は日神（天照御魂神）である。波都賀志神・高御魂神については顕宗《けんそう》紀に日神・月神の祖とある。この日神、月神関係の神社のみに中臣氏が関わっている点に注目したい。『続日本紀』における日・月神と中臣氏の登場は、大宝律令施行に伴う神祇政策とみられるが、大宝律令は藤原不比等の主導のもとに制定され、神祇政策は不比等と神祇伯・中臣意美麻呂のコンビにより推進された。だから、大宝元年に日埼峯《ひさきのみね》（岑）から現在地に遷座したのは、神祇伯の中臣意美麻呂らの意向を、地元の秦都理が受けて、社殿が無い磐座という祭祀形態だったのを、神殿を造営して奉斎したのだろう。（中略）神祇伯・意美麻呂は、大宝元年に山背国の日神・月神を中臣氏の管掌下に置いた時に、葛野の月神祭祀を壱岐氏に任せ、葛野の日神（木嶋社）を祀る秦氏に日埼峯の神を秦氏流に祀らせ、世襲の祝《はふり》に任じたのではないか。

法律家としても優れていた不比等は、大宝律令において律令と中臣氏による神道を融合し、新たな国家神道を築こうとしたのかもしれない。不比等のお墨付きで、意美麻呂が都理に社の創建を任せ、初代祝に任命したのだろう。土着の神を改めて祀り氏族の神としていくという秦氏独自の祭祀方法は、画期的だった。意美麻呂と都理は、式内社におけるモデルケースとして「古来の磐座信仰を、御社殿を造営して奉斎する」というドラマチックな展開を実行したのではなかろうか。「文武天皇の勅命により創建された」意味がそこにあるように思われる。大宝律令と同時に創建された松尾大社は、新たな時代を象徴する社だったのではなかろうか。

では、都理はなぜ神祇の先駆者《フロンティア》になりえたのか。それを解く鍵は、激動の東アジア情勢の中で壮大な歴史を乗り換えてきた彼の一族、秦氏にある。

秦氏とは

古代の東アジア情勢と秦氏

「漢字は東洋のエスペラント（国際共通語）」といわれる。東アジア漢字文化圏（中国、韓国、日

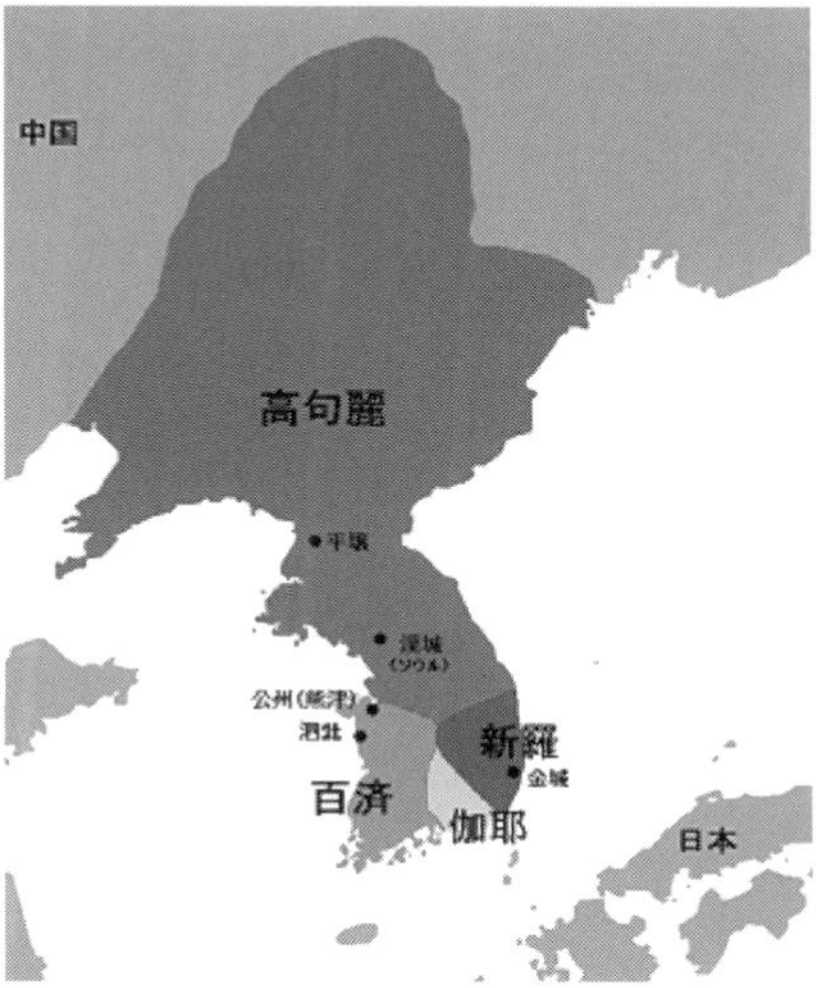

古代朝鮮半島の図

本）をつなぎ、古代の日本に文明・文化の種を運んだのが、大陸から来た人々である。日本の風土がその種を育て、技術・文化大国といわれる現在の日本をつくった。

五世紀頃から大陸の先端技術や文化、思想、宗教などを伝えた渡来人を「今来《いまき》の才伎《てひと》」という。技術・技能者は重用され、天皇の側近として仕えた者もいた。高句麗《こうくり》系の高麗《こま》氏、百済《くだら》・伽耶系の漢《あや》氏、そして最も人口が多い大集団が新羅《しらぎ》系の秦氏である。彼らが日本に渡来した背景には、古代の東アジア情勢が深くかかわっている。中国においては、秦始皇帝が史上はじめて中国を統一した秦《しん》朝（紀元前二二一～紀元前二〇六）が滅ぶと、前漢《ぜんかん》、新《しん》、後漢《ごかん》と続き、三世紀はじめに後漢が滅亡し、魏《ぎ》・呉《ご》・蜀《しょく》による三国時代となる。五世紀は王朝が並立する南北朝時代、六世紀に隋《ずい》が統一。七世紀に唐《とう》という大国が生まれた。

朝鮮半島においては、一～五世紀の馬韓《ばかん》、辰《しん》（秦）韓《かん》、弁韓《べんかん》の三韓時代から高句麗、百済、新羅が攻防戦をくりひろげる三国時代に移行。七世紀に新羅が朝鮮半島を統一した。秦氏を含む多くの人々が、戦乱からのがれて大海原を渡り日本に向かったと考えられる。

秦氏はどこから来たのか？

秦氏を秦始皇帝の末裔とする説があり、『新撰姓氏録《しんせんしょうじろく》』、『日本書紀』、『惟宗系図』、『広隆寺由来記』などには、このような系図がある。

秦始皇帝―故亥《こがい》皇帝―孝武《こうぶ》皇帝………功満《こうまん》王―弓月君《ゆづきのきみ》―浦東君《ほとうのきみ》（普洞王《ふどうおう》）―秦酒公《はたのさけのきみ》―
―意美秦造《みやつこ》―宇志秦造┬丹照秦造（国勝）―秦造河勝《かわかつ》
└志勝秦造―秦大津父《おおつち》

では、秦氏はどこから来たのだろうか。『日本書紀』応神天皇十四年条に「弓月君（秦氏祖先）が百済より来朝」とあるが、多くの研究者が新羅から来た説を支持している。

江戸中期の朱子学者、新井白石《あらいはくせき》は、『古史通惑問《こしつうわくもん》』において、「秦氏は辰韓（新羅の前身）に移住した秦人（中国人）」という説を展開している。『三国志』魏書辰韓伝、『後漢書《ごかんじょ》』辰韓伝、『梁《りょう》書《しょ》』新羅伝など中国の文献は、「新羅はかつて辰韓（秦韓）といい、秦始皇帝の労役から逃れ移住した秦人の国」と主張する。漢朝は「中華文明の出先機関」といわれる楽浪郡《らくろうぐん》（紀元前一〇八～三一三年）をはじめ漢四郡《かんのしぐん》をおいて朝鮮半島を実質支配しており、秦人が南下して新羅などに残留した可能性が高い。

歴史・言語学者の鮎貝房之進氏は、『三国史記《さんごくしき》』（一一四五年、金富軾《きんふしょく》編纂）にある慶尚北道《キョンサンプグド》（新羅国）「波旦県 padan」という古地名に着目し、秦氏の源郷と提唱した。一九八八年三月、韓国慶尚北道蔚珍郡《うるちんぐん》竹辺面《チュッピョンミョン》鳳坪里《ポンピョンリ》で出土した新羅古碑（五一三年＝甲辰年）に「波旦」という文字が発見され、この説が裏付けられた。この地名が「秦＝はた、はだ」の語源とされた。

語源については、様々な説がある。古代朝鮮語による考察では、大海原をこえてきたので「パダ bada」＝「海」、人口が多い、大きな財力をもつことから「ハタ hata」＝「大、多、巨、衆」、秦氏の基幹産業である機織の「はた」などである。

新羅において韓人と秦人などが混じり合った集団が形成され、日本に渡って倭人（日本人）も加わり、国際色ゆたかな大集団になったのではないかと考えられる。

新羅説の根拠が『日本書紀』の記録にもある。推古天皇十一年（六〇三）の「聖徳太子が秦河勝に尊像を下賜し、これを安置するために蜂岡寺《はちのおかでら》（広隆寺《こうりゅうじ》）を建立した」、推古天皇十八年の「河勝が新羅使節の導者《みちびきひと》となる」、推古天皇三十一年の「新羅と任那の使者が、新羅から請来《しょうらい》した仏像を葛野の秦寺（広隆寺）に安置した」とする記録である。

推古天皇十一年の記述にある尊像は、広隆寺の国宝宝冠《ほうかん》弥勒半跏思惟像《みろくはんかしい》と考えられている。この弥勒菩薩はアカマツ材で造られており、往時日本の仏像の多くがクスノキ材だったのに対し、朝鮮半島ではアカマツを彫刻によく使ったことから朝鮮半島で製造されたと推測されている。その姿は、韓国の国宝八十三号の金銅弥勒半跏思惟像（韓国国立中央博物館蔵）と極似している。推古天皇三十一年にも新羅仏が奉納されたとあり、広隆寺は新羅仏教色の強い寺院だったと推測されている。

小野妹子は隋の煬帝《ようだい》に「日出処天子」という書き出しの国書を献上し、推古天皇十六年（六〇八）、隋の使者、裴世清《はいせいせい》を伴って帰国した。『隋書』には裴世清が日本に渡ってからの経路が記され、そこには「華夏（中国人）と同じ習俗をもつ秦王国があり、なぜ日本を蛮国とするのかわからない」と記されている。

秦王国推定地の一つが豊前国《ぶぜん》である。その根拠として、大宝二年、豊前国戸籍台帳記載人口の約九割が秦氏とその部民であることもあるが、『豊前国風土記』の「鹿春郷《かわらのさと》」（大分県田川郡香春町）の記載にある「新羅の神自ら来たりて住む」という記述に注目する研究者も多い。

香春のシンボルが三つの峯からなる香春岳である。現在は石灰岩が採掘されているが、一ノ峯、二ノ峯は、龍骨《りゅうこつ》（『神農本草経』にある生薬、古生物の骨の化石）を多く産し、三ノ峯は銅を産する古代有数の銅山であり、宇佐八幡宮《うさはちまんぐう》（宇佐神宮）の神鏡や東大寺大仏の鋳造に多くの銅を供出していた。鉱山坑口址は神間部と呼ばれ、採銅所という地名は、昭和まで国営の採銅所が稼働していた史実を物語る。

ここには、秦氏系の鉱山技術者が多く居住していたと考えられている。また宇佐神宮の神宮寺弥勒禅寺《みろくぜんじ》や英彦山修験道《ひこさんしゅげんどう》には、秦氏がもたらした新羅仏教（山岳修行、弥勒信仰など）が色濃くのこされている。

秦氏は日本へ渡ると豊前国に大拠点をつくり鉱山開発をし、瀬戸内地方では製塩（播磨《はりま》国赤穂《あこう》）、須恵器・瓦製造・製鉄（吉備国）などで殖産して国家や都造営に尽力し、大和国に至った者の末裔が、猿楽大和四座《やまとしざ》を興して朝廷が奉斎する大社寺の奉納芸能を担った。

秦氏はいつ頃来たのか？

『古事記』、『日本書紀』、『新撰姓氏録』などの史料では、秦氏の祖先（弓月君）が来朝したのは応神天皇十四年あたりに集中している。応神朝の西暦年代は諸説あり、秦氏の渡来年代は特定できない。しかし、秦氏をふくむ諸氏の渡来年代について、歴史学者の上田正昭氏は、①紀元前三〇〇年頃、②五世紀前後（応神・仁徳朝）、③五世紀後半から六世紀はじめ、④七世紀後半（天智朝前後）と四つのピークがあったと指摘する。また、歴史学者の井上満郎氏は、秦氏が山背国に来たのは五世紀後半頃ではないかと論じている。

大陸では三世紀はじめ後漢が滅亡後、六世紀に隋が統一するまで戦火が絶えない状況だった。秦氏の渡来はその頃と重なる。五世紀末から日本に巨大古墳が出現するのは、古墳造営のために大陸から秦氏のような技術者を招聘《しょうへい》したのではないかとも考えられている。

秦氏はなぜ大集団になったのか？

応神期に渡来した秦氏は百二十余県とあるが、具体的な数はわからない。しかし同時期に阿《あ》知使主《ちのおみ》（東漢氏祖《やまとのあやうじ》）が連れてきた十七県と比べると、圧倒的な数である。

歴史学者の平野邦夫氏は「非貴族的・官僚的体質をもった、著しく底辺の広大な在野的土豪氏族」と解釈し、歴史学者の竹内理三氏は秦氏を「殖産的氏族」といった。

古代において税金は、米、労役、繊維製品で納められていた（租庸調《そようちょう》）。中でも絹織物は珍重されたので、秦氏の基幹産業である養蚕と機織に従事する民は貴重だった。しかし彼らは統率されていなかった。朝廷は殖産をすすめ税収を増やそうと、諸国の秦氏を組織、氏族化した。その過程で血縁関係以外の支配下技術集団（秦人、秦人部、秦部、勝部）も、秦氏に組みこまれ巨大化したと考えられる。それは次のような史料から読みとれる。

仁徳《にんとく》天皇の御世、百二十七県の秦の民を諸郡に分かれて置き、蚕を養い絹を織り献上させた。（『新撰姓氏録』山城国諸蕃、太秦公宿祢条）

秦の民が分散し諸豪族が勝手に使役しているのを、秦酒公は案じていた。帝は酒公を寵愛していたので、秦の民を集め与えた。酒公は百八十の勝《すぐり》（秦氏技術民の長）を統率し、庸調（税）の絹や縑《かとり》を奉献し、朝廷に「うづたかく」積み上げげた。帝はこれに因み酒公に禹豆麻佐《うずまさ》という姓《かばね》を与えた。（『日本書紀』雄略天皇十五年条）

桑に適した国や県に桑を植え、秦氏を分散させて庸、調を献上させた。

（同　雄略天皇十六年条）

雄略天皇の御世、普洞王（浦東君）のときに秦の民が劫略により、かつての十分の一にしか満たない状態となった。（普洞王の子）秦酒公は天皇に秦の民を召し集めることを要請した。天皇は小子部雷《ちいさこべのいかづち》に命じ、大隅《おおすみ》阿多《あた》隼人《はやと》らを率いさせ捜索し集めさせた。そして秦の民九十二部、一万八千六百七十人を得て、酒公に賜った。（『新撰姓氏録』山城国諸蕃、秦忌寸条）

秦氏の組織化は、仁徳期からはじまり、雄略期に秦酒公に民を統率させ本格化したと考えられる。組織化により諸国の調物が増え、それらを納める蔵が必要になった。『新撰姓氏録』には「酒公は長谷朝倉宮のそばにおいて八丈大蔵を建てさせた。大蔵官員をはじめて置き酒を長官となす」とある。『古語拾遺』によると、三蔵（斎蔵《いみくら》、内蔵《うちくら》、大蔵《おおくら》）のうちの大蔵が雄略期に創設され、三蔵検校（監督）を蘇我《そが》氏、出納管理を秦氏、記録を東《やまと》・西文《かわちのふみ》氏、内蔵、大蔵の鍵の管理を秦氏、漢氏に分掌させたとある。これらの史料を分析すると、蘇我氏が朝廷の財政を握っていたが、秦氏は大蔵においての主要な官人だったと考えられる。大蔵の出納役についたものは、大蔵秦公、のちに秦大蔵造という姓を使っている。

諸国の「屯倉《みやけ》」（朝廷直轄地）が、秦氏の居住地と重なっているケースは多い。秦氏の首長は、技術者集団を統率して養蚕、機織、鉱山、灌漑、土木建築などにおける主導権を掌握し、そこから得た財力で大和政権のスポンサーになり、国家財政を司っていたようである。

歴史学者の加藤謙吉氏は『新撰姓氏録』の「秦人戸籍」を研究し、雄略天皇のときに小子部雷に命じて集めさせた秦の民人口が九十二部（一万八千六百七十人）、欽明天皇のときに戸籍に編入した秦氏の戸数を七千五十三戸（律令制郷戸において一郷戸二十七口で計算して十九万四百三十一人）と分析。「秦老ら千二百余戸に伊美吉《いみき》の姓を賜う」（『続日本紀』天平二十年五月二十日条）という記録も含めて秦氏人口を試算し、その膨大さを指摘する。加藤氏は、秦氏の全国分布は、西日本を中心に三十四ヶ国八十九郡以上に及ぶという調査結果を出した。また、「秦氏等が一祖子孫。或いは居住に就き、或いは行事に依りて、別れて数多腹なり」（『新撰姓氏録』山城国諸蕃、秦忌寸条）という一文を引用し、秦氏の氏族組織は「祖でなく腹《はら》」だったと述べている。

『秦氏本系帳』に秦忌寸都理は「川辺腹」とあり、葛野郡川辺郷の首長とする説がある。秦氏は同祖というより複数の「腹」（親族集団）に分かれた同族集団だったと考えられている。つまり違う系統の秦氏がいくつも存在し、土豪的殖産氏族として繁栄していたのである。朝廷と結びついた山背国の秦氏が、氏族全体の宗家となり、諸国の秦氏とのネットワークで、殖産体制を構築していたと考えられている。

秦氏がもたらしたものは、先進的技術（開拓、治水、灌漑、土木、建築、鉱山、製鉄、養蚕、機織、染色、工芸、醸造、医療など）や宗教、信仰、思想、文化、芸術と幅広い。彼らは技術力により広大な農地を拓き、産業を興して商業を普及させ、莫大な財を築いた。その財力と技術力により、平安京に至るまでの古代都市の造営に尽力した。

平安京においては、養蚕、機織をはじめとする伝統産業の種を植え、京文化の礎を築いた。それが全国に普及し、日本文化として継承された。

秦氏宗家は山背国に拠点をおき高級技術官僚《テクノクラート》などの官人となり、藤原氏などとの婚姻関係を結んでいたが、政治的というより「殖産的氏族」だった。高度な技術と財で、日本の国造りを支えた「古代ハイテク集団」だったのである。

山背国と秦氏

葛野秦氏と深草秦氏

古代の山背国の大きな勢力が秦氏と、祭祀氏族カモ氏（様々な漢字表記があるのでカタカナで統一）だった。秦氏は葛野郡（太秦・嵯峨野・嵐山・松尾）と紀伊郡深草郷（伏見稲荷大社周辺）に定住

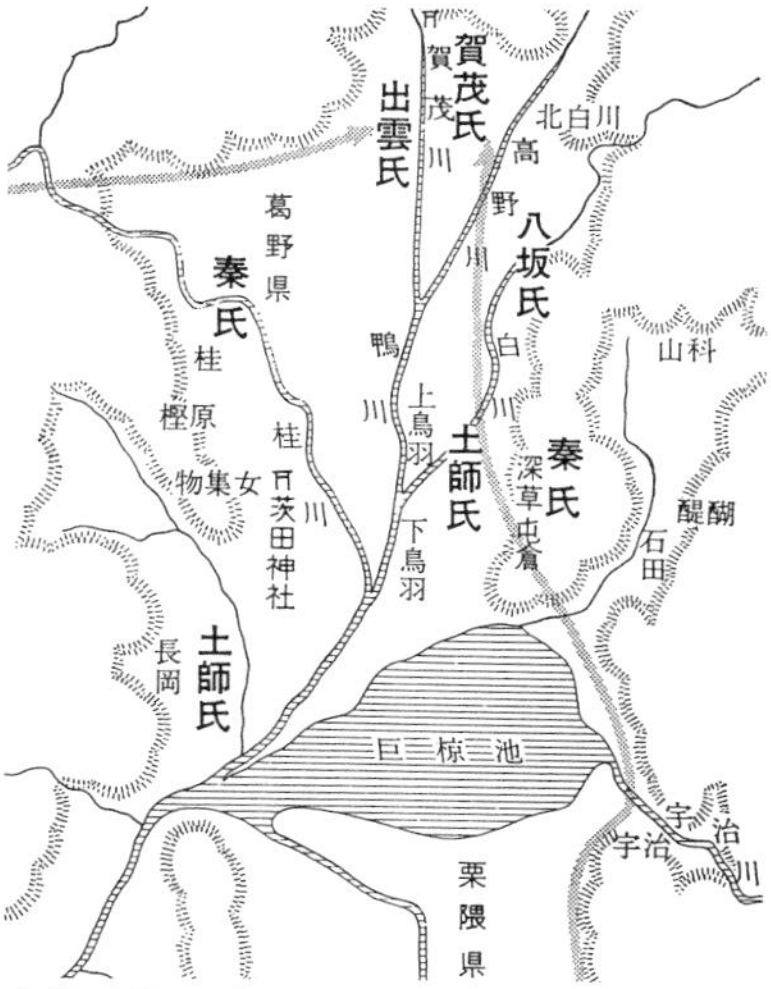

古代氏族分布図（京都市編『京都の歴史1』より）

していた。七世紀前後に秦氏宗家は、葛野郡太秦を拠点とし葛野を統括していた。

井上満郎氏は、葛野秦氏の人口を平安京造営直後の史料からこのように分析している。『倭名類聚抄《わみょうるいじゅしょう》』にみる葛野郡の郷数は十二郷である。『葛野郡班田図』（天長五年・八二八）によれば、耕作者として記載される本貫地（本籍地）は山田郷ほか七郷で右京・左京に及んでいる。確認できる百十四人中、八十二人が秦氏。葛野郡の人口の七十二%が秦氏である。」葛野郡は秦シティーと呼んでも過言ではない。

深草郷も秦氏の本拠地を示すこのような史料がある。

大領＝秦忌寸某、少領＝秦忌寸豊道、擬主政＝秦忌寸永年、擬主帳＝出雲臣乙継
（『平安遺文《へいあんいぶん》』「仁和寺文書」延暦十九年・八〇〇）

紀伊郡の郡司である大領以下四人のうちの三人が秦氏で占められているのがわかる。葛野秦氏と深草秦氏が血縁関係なのか、別系統の秦氏なのかは定かでないが、律令制により組織化され同族とされた。

葛野秦氏の母なる葛野川、葛野大堰と洛西用水

考古学者の田辺昭三氏は、「桂川治水、それに伴う灌漑、これらを手がけたのは秦氏であって、秦氏を京都盆地の中で最大勢力におしあげた一番の理由だったのではないか」と指摘している。治水・灌漑事業の要となったのが葛野大堰の築造である。渡月橋上流域の一部が大堰川と呼ばれるのは、この取水堰に由来している。

葛野大堰が「葛野川堰」として初めて文献に登場するのが、『令集解《りょうのしゅうげ》』雑令（九世紀中頃成立）に収録された『古記《こき》』（大宝律令の注釈、八世紀代）である。築造年代は諸説あるが、五世紀末頃に築造されたという。その詳細は、秦氏の子孫である惟宗允《これむねまさ》

葛野大堰

亮《すけ》が編纂した『政事要略《せいじようりやく》』（寛弘五年・一〇〇八）の『秦氏本系帳《はたしほんけいちょう》』引用文に書かれている。

葛野大堰は秦氏がその氏族を率いて造営した。昔、秦《しん》の昭王《しょうおう》（昭襄王《しょうじょうおう》、始皇帝の曽祖父）が川に堰をつくり、溝を掘り、用水を確保し広大な田圃を開き、秦の富は数倍になった。
今、大井堰はこれに倣って造る。

洛西用水竣工記念碑（松尾大社境内）

往時の日本では例を見ない先端技術を用いた大工事で、彼らが見習った秦氏祖先の昭王が行った工事とは、このようなものだった。「紀元前二五〇年頃、昭王は李《り》冰《ひょう》を蜀郡（四川省）の郡司（太守）に任命し、岷江《みんこう》（長江の支流）の治水事業を行わせた。彼は都江堰《とこうえん》という堰を設け、岷江を内江と外江に分け、灌漑、舟運の利を与え、成都平原《せいとへいげん》を一大沃野《よくや》（作物がよく実る地）と成し、四川の地を天府（賦）の国（外敵の攻撃を防ぎやすく作物がよくできる肥えた地）とした。」

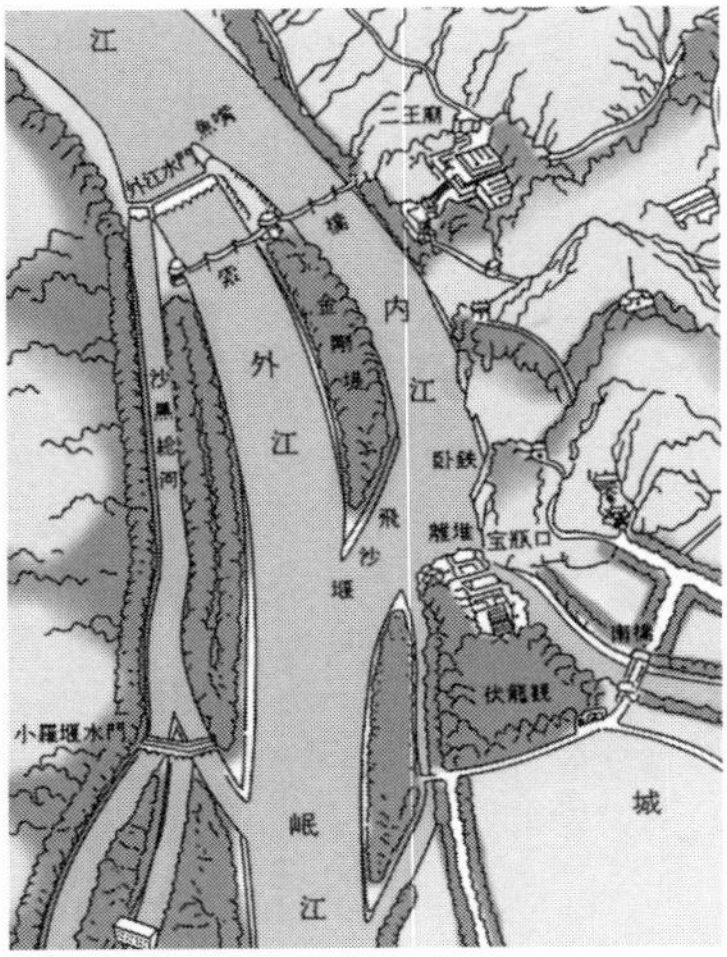

都江堰の地図（「風景・風土を守る洛西用水・嵯峨嵐山一の井堰」・京都府農林水産部耕地整備室発行より転載）

嵐山の地図

中国四川省の中央に位置する成都平原は、諸葛孔明《しょかつこうめい》が天府《てんぷ》之国と評した豊かな土地で昔から農業がさかんだった。しかし秦代には岷江の洪水に悩まされ、都江堰という灌漑水利施設が作られた。川に中州をつくり、本流と農業用水に分水して活用するというものだった。都江堰は「治水理念・哲学が現代の河川管理の模範である」ことから、世界文化遺産に登録され、人気の観光地となっている。

同じ工法が葛野大堰（一の井堰）にも用いられている。中之島をつくり、流れを本流と用水に分け、堰で水位を上げて用水に大量の水を送っている。その水は桂川右岸（松尾、桂、川島地域）を灌漑し、洛西用水（桂川

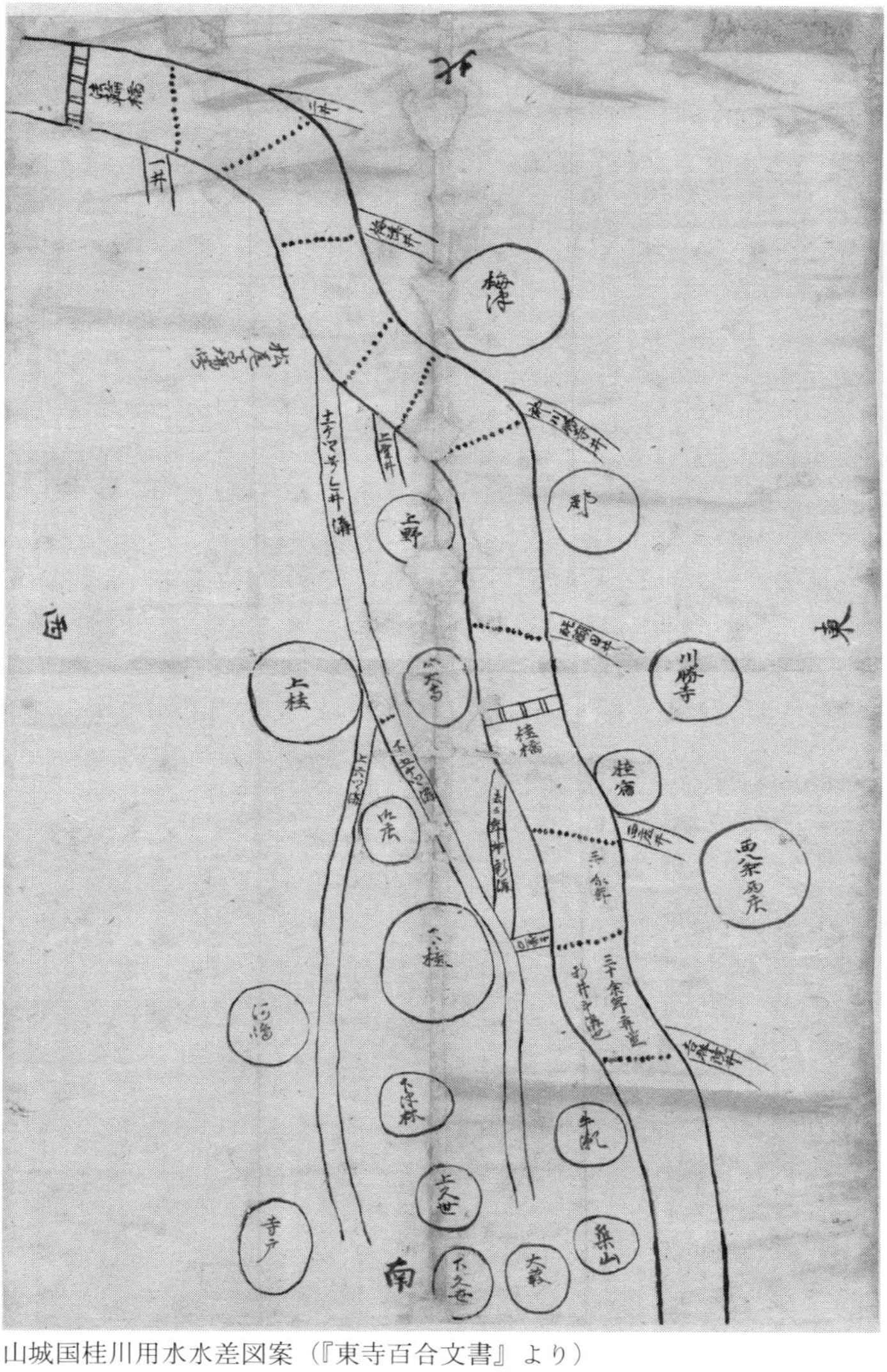

山城国桂川用水水差図案（『東寺百合文書』より）

用水）として現在も使われている。水路は松尾大社境内に入り、清らかな流れにそって美しい山吹が咲く。境内には「洛西用水竣工記念碑」が建っている。また、下嵯峨から松尾の東岸に罧原堤《ふしはらづつみ》が造られ、治水対策もなされた。

用水をめぐって水争いも多発した。明応五年（一四九六）に幕府が用水差図の提出を求め、西八条西庄が作成、提出したのが「山城国桂川用水水差図案」（『東寺百合文書《とうじひゃくごうもんじょ》』）である。これを見ると十八郷が取水しているのがわかる。名勝嵐山は、秦氏が築いた古代の水利施設だったのである。

葛野川の水運は上流域の丹波国と山背国をつないだ。長岡京や平安京の建材（杣木《そまぎ》）は、丹波の杣御料地《そまごりょうち》から筏流しで運搬され、嵐山で荷揚げされた。薪炭や黒木などの物資が運ばれ、梅津、桂津などが集積地として栄えた。十七世紀に豪商角倉了以《すみのくらりょうい》が保津川を掘削し、高瀬舟の運行が可能になり、丹波から大坂まで水運が通じて、園部、保津、山本、嵐山、梅津、桂津などは河川湊として栄えた。梅津には木屋が多く、三条通沿いに製材所が立ちならんだ。

葛野川を守護する神、櫟谷宗像神社と大井神社

秦氏は葛野川と葛野大堰、橋の守護神として、宗像三女神を祀っている。渡月橋南詰には、奥《おき》

大井神社

津島姫命《つしまひめのみこと》（櫟谷《いちたに》社）と市杵島姫命《いちきしまひめのみこと》（宗像社）を祀る櫟谷宗像神社（215頁参照）がある。この社は、松尾大社の境外摂社となっている。創建年代は不詳だが、この社は松尾社が創建される以前に創建された御神蹟で、秦氏が葛野大堰の工事に際して守護として建てたのではないかという説がある。

北詰の大井《おおい》神社は、創建不詳で現在の御祭神は宇賀霊神《うがのみたまがみ》で野宮《ののみや》神社の管理となっている。この社について『日本三大実録』には、貞観十八年（八七六）に従五位下を賜った「山代大堰神」とある。松尾社末社の堰神で、宗像三女神の一柱多岐都比売命《たきつひめのみこと》を祀っているといわれる。櫟谷宗像神社と大井神社で宗像三女神が揃うという説がある。葛野大堰築造は秦氏の命運をかけた大事業だった。ゆえに彼らにとって重要な神々に守護を求めたと考えられる。

葛野川を守護する寺、法輪寺

渡月橋南詰に、「十三まいり」のお寺として知られる智福山法輪寺《ちふくざんほうりんじ》（京都市西京区嵐山虚空蔵山町）がある。法輪寺の「法」は、「水が去るという」意の呪語である。寺伝では寺域には、秦氏

法輪寺道昌遺業大堰阯

法輪寺

が生活守護、技能の向上を祈願した三光明神を祀った葛野《かずの》井宮《いぐう》があり、葛野《かずね》の由来となったという。和銅六年、元明《げんめい》天皇の勅願により行基が木上山《もくじょうざん》葛井寺を建立し、歴代天皇の勅願所となる。平安時代に入り、空海の高弟道昌《どうしょう》（七九八～八七五）が、この寺で空海直伝の虚空蔵《こくうぞう》菩薩《ぼさつ》求聞持法《ぐもんじほう》を修して虚空蔵菩薩を感得、尊像を彫り安置して寺を中興。貞観十年（八六八）、法輪寺と改名した。道昌は讃岐国秦氏の出身で、『日本三大実録』には淳和《じゅんな》天皇を諭したことから宮中の仏名《ぶつみょう》懺悔《さんげ》の導師となり、承和《じょうわ》の変で廃太子となった淳和天皇皇子の恒貞《つねさだ》親王《しんのう》を弟子に迎えた。承和三年（八三六）、広隆寺の別当になり、貞観十六年、少僧都まで昇進した。承和年間（八三四～八四八）、勅願により、自ら手に鍬をもって葛野川を改修。船筏の便を開き、法輪寺への橋を架けたので「行基の再来」といわれた。その功績を称え、渡月橋北詰西に「法輪寺道昌遺業大堰阯」という石碑がある。橋は法輪寺橋といわれ、亀《かめ》山《やま》天皇（鎌倉期）が詠んだ歌から渡月橋と呼ばれるようになった。

松尾社の神宮寺は社僧を置かず、法輪寺や広隆寺の僧侶が派遣されていた。禁門の変の後、神宮寺の本堂は法輪寺に移築されたという。

深草秦氏と伏見稲荷大社

深草秦氏を代表するのが、秦大津父《おおつち》と秦伊呂具《いろぐ》（伊呂巨《いろこ》）という二人の首長である。

大津父は実在する人物として、はじめて文献に登場する。『日本書紀』に欽明天皇の即位についてこのような記述がある。「天皇が幼い頃、『大津父を登用すれば天下を治めることができる』と夢告をうけ、深草里に大津父を見つけて重用し、即位して大蔵に任命した。」欽明天皇元年（五四〇）には「渡来人の戸籍を編成し、秦氏の戸数七千五十三戸、大蔵掾《ふびと》（大津父か？）を秦の伴造《とものみやつこ》（品部の統率者）とした」という記録がある。六世紀には深草里に秦氏の本拠地があり、その首長大津父は、伊勢《いせ》国で水銀などを交易して財をなした商人だったといわれている。

秦伊呂具は伏見稲荷大社（京都市伏見区深草藪之内町）の創建にかかわる人物で、このような伝承がある。

深草の秦伊呂具は稲を積み上げる程栄えていた。ある日、餅を的に矢を射ると、餅が白鳥になり飛び上がり稲荷山に降り立った。その場に稲が生えたので、社名を稲荷とした。その子孫が先代の過ちを悔い、社の木を抜いて家に植えて祭祀した。茂れば福を得て枯れれば福はないという。（『山城国風土記』逸文、伊奈利社の条）

伊呂具は、「和銅四年、二月初午、稲荷神御鎮座の時に禰宜《ねぎ》となる」とある（稲荷社社家大西家系図）。この年は不作に見舞われ、勅使が名山大川に派遣され祈禱をしたところお告げがあり、この日に稲荷山に大神を祀ったところ五穀豊穣になった伝承もある。

稲荷山は秦氏以前の太古から神奈備《かんなび》とされ、山中には磐座や古墳がある。随処から霊水が湧き、杉の大木が茂り祀られている。松尾山と同様に水源を持つ山である。稲田を満たす豊かな水を生む稲荷山は、深草秦氏にとってまさに「稲の神」＝稲荷神だったのだろう。京の伝統野菜で最も歴史が古い「九条ねぎ」

伏見稲荷大社

は、稲荷社御社殿創建時の工夫のスタミナ源として泉州から移植されたという。

伊呂具は、先進的農業で財をなした首長と思われる。『日本書紀』の皇極天皇二年（六四三）には深草に屯倉があったという記述があり、前述の『平安遺文』深草里の郡司の記録（53頁参照）にもあるように秦氏が運営を任されていた。深草弥生遺跡（伏見区深草西浦町）からは四〜五世紀頃のものと推定される先進的な農具が出土し、農業が発達していたと考えられている。

秦氏と太秦

太秦には桂川から運ばれた木材を加工する製材所が多く、その空き地に撮影所が集中し「日本のハリウッド」と呼ばれる映画の町になった。古代においては秦氏の本拠地だった。

太秦の語源は、『日本書紀』雄略期にある秦酒公が絹織物を献上するときに「うず高く積んだ」ことにより禹豆麻佐《うずまさ》という姓を与えられ、太秦という漢字表記をあてたのが定説とされているが、諸説ある。秦氏の源郷蔚珍《ウルチン》波旦の古地名「于抽《うつ》」（真興王拓境碑《しんこうおうたくきょうひ》昌寧碑《しょうねいひ》）と村《マサ》（朝鮮語）という説、貴《うづ》（尊貴な者）と勝部《まさ》（技術者）の語呂合わせで秦氏首長（技術者の長）を示す説、秦氏宗家太秦公を指すという説などである。

太秦には、広隆寺をはじめ秦氏の聖地や遺跡が数多く残されている。

秦河勝と広隆寺

秦氏が太秦・嵯峨野一帯に定着したことを伝える正史の初出が、『日本書紀』推古天皇十一年、秦河勝が聖徳太子から尊像を賜り、蜂岡寺（広隆寺）を創建した記述とされている。『広隆寺由来記』には「広隆《ひろたか》」は河勝の実名とある。

河勝は聖徳太子の寵臣《ちょうしん》で、葛野を本拠地とし、秦氏繁栄の頂点を築いた宗家の首長である。『聖徳太子伝暦《でんりゃく》』推古天皇十二年七月には、河勝が楓野《かつらの》大堰に臨み蜂岡麓に楓野の別宮という仮宮を建て太子を葛野に招き、太子が平安京遷都を予言する話がある。太子は度々訪れ、仮宮（寺）と周囲の田畑、新羅王の献じた仏像を河勝に与えたとある。仮宮を再現したのが広隆寺奥之院桂宮院《けいきゅういん》本堂（国宝）という。法隆寺と同じ夢殿形式の八角堂で、かつて御本尊として弥勒菩薩像が安置されていた。

広隆寺は山城国最古の寺院で、聖徳太子建立七大寺に数えられる。開基は秦河勝、中興は道昌（第九代別当、在任二十年余、法輪寺中興の祖）、別名を秦公寺、太秦寺、葛野秦寺といい、秦氏の氏寺とされている。創建について『日本書紀』が伝える推古天皇十一年説と、『広隆寺縁起』（承和縁起、承和五年・八三八）や『広隆寺資材交替実録帳』（八九〇年頃）が伝える「推古天皇三十年、太子供養のために建立」という説がある。

この寺には国宝に指定されている弥勒菩薩像が二軀ある。一軀は、国宝第一号として知られる宝冠弥勒菩薩半跏思惟像で、推古天皇十一年に河勝が太子より賜った尊像とされている。朝鮮の国々で彫刻の主要木材だったアカマツ材で造られており、朝鮮半島で製造されたと考えられている。もう一軀は、通称「泣き弥勒」と呼ばれる宝髻《ほうけい》弥勒半跏思惟像で、天布や裳裾に動物の革が使用され、クスノキ材であることから国内製造とされている。

広隆寺

歴史学者の平野邦夫氏は、新羅国から広隆寺に頻繁に仏像が献上された記録から、「広隆寺は新羅仏教の影響が強い寺院」と指摘している。

広隆寺の御本尊は、時代により変遷している。創建当時は弥勒菩薩（弥勒信仰）であったが、平安期に薬師如来（薬師信仰）となり、現在は聖徳太子（太子信仰）である。現在の本堂は上宮王院《じょうぐうおういん》で、聖徳太子像を安置する。河勝に尊像を下賜した三十三歳の姿である。衣冠《いかん》

北野廃寺跡（北野白梅町交差点）

束帯《そくたい》は歴代天皇から贈られる習わしがあった。本堂の右側にある太秦殿には河勝が祀られ、太子の傍らに御鎮座している。『広隆寺縁起』には蜂岡寺は、「九条河原里から荒見社里（平野神社付近）から五条荒蒔里（現在地）」に移転してきた記述がある。元地は「北野廃寺《きたのはいじ》」（北野白梅町に石碑）とみられており、発掘調査で移転は平安初期で、平安京の区画整理によるものとされている。

河勝が正史に最後に登場するのが、『日本書紀』皇極天皇三年（六四四）の「常世虫信仰で人臣を惑わせる東国富士川辺りの人、大生部多《おおうべのおお》を打つ」という記述である。悪徳シャーマンを打ち宗教事件を解決した河勝を称賛し、人々はこのような歌を作り歌ったとある。

太秦《うづまさ》は神の中の神と聞《きこ》え来る　常世《とこよ》の神を打ち懲《きた》ますも（『日本書紀』皇極天皇三年秋七月）

太秦と称された偉大なる首長は正史から痕跡を消すが、その終焉、出自や子孫については室町時代の能楽書『風姿花伝《ふうしかでん》』（世阿弥元清《ぜあみもときよ》）、『明宿集《めいしゅくしゅう》』（金春禅竹《こんぱるぜんちく》）に記されている。観阿弥《かんあみ》・世阿弥父子は能楽の大成者で、その娘婿である金春座大夫、金春禅竹は河勝の末裔という。これらの能楽書は河勝を「中楽《さるがく》の祖」とし、その由縁をこのように伝える。

天下に障りがあり、聖徳太子が六十六番の面を御作し、河勝に与え芸能を奉納させたところ、天下が治まった。太子はこの芸が神楽から発したので、神という字の偏《へん》をとり旁《つくり》を取り出し、暦の「申《さる》」でもあったので中楽と名付けた。

『明宿集』には「河勝は泊瀬《はつせ》川の洪水で流れてきた壺中の嬰児で秦始皇帝の生まれ変わり。武士長谷川党、四天王寺の楽人、猿楽者になった三人の子がある。猿楽者は大和円満井《えんまい》座の金春大夫で、秦氏安《うじやす》から数えて四十代におよぶ」と記し、「翁は世界創造たる神で、中楽の中で最も呪術性をもつ。この神は宿神であり、芸能神であり、中楽の祖、秦河勝である」と結んでいる。世阿弥が奉仕した談山《たんざん》神社（奈良県桜井市多武峰《とうのみね》）には翁面が伝わり、箱書きに摩多羅神《まだらしん》とある。

『風姿花伝』は河勝の最期をこう伝える。

うつぼ船にて難波から船出し、播磨国坂越《さこし》の浦につく。浦人が船を上げて見れば、かたち人間に変われり。諸人に憑きて祟り奇瑞をなす。則、神と崇めると国は豊かになった。「大いに荒れる」から大荒大明神《おおさけだいみょうじん》と名づく。(『風姿花伝』第四神祇云)

坂越(兵庫県赤穂市)には、墓所がある生島《いきしま》(禁足地)と、河勝を祀る大避《おおさけ》神社がある。社伝では河勝は生きて漂着し、千種《ちぐさ》川流域の開発をすすめ、大化三年(六四七)、八十余歳の生涯を閉じたが、御霊が神仙化したので祠を建てて祀ったと伝わる。社は猿楽の宮といい、楽人や能楽師の信仰を集めている。ここから河勝信仰が広まった。

松尾大社神像館には、能面の翁のルーツといわれる「笑相の御神像」がある(206頁参照)。秦氏は目には見えない神を翁として表現し、河勝信仰を広めていたのかもしれない。太秦には、「大避」と同じ読みの大酒《おおさけ》神社がある。

秦氏の祖先を祀る大酒神社

主祭神は秦始皇帝、弓月君、秦酒公で、相殿神に兄媛命《えひめのみこと》(呉服女)、弟媛命《おとうとひめのみこと》(漢織女)を祀っている。広隆寺桂宮院内にあった鎮守社で、明治の神仏分離令で寺の東側に移転した。『広隆寺

大酒神社

由来記』には「大酒大明神　正一位」とあり、『延喜式』神名帳には記載は一座で「大酒神社元大辟神《おおさけのかみ》」とある。大辟神については諸説あり、災難を避ける意、「大裂」とし大地を裂き開拓した秦氏を称える説、機織神と合祀された産業神ともいわれる。

『山城洲葛野郡楓野大堰郷広隆寺由来記』（明応八年・一四九九）には功満王《こうまんおう》（秦始皇帝後裔）が秦始皇之祖神を勧請したとある。『広隆寺縁起』には「此神元是祭石也」とあり、神体が石神なので道祖神《どうそじん》、芸能民が信仰した「宿神《しゅくしん》」ともいわれる。『山州名跡志』には「大避大明神　秦河勝公祭祀」とある。

京都三奇祭の一つ、牛祭が伝えられ、旧暦九月十二日（現十月十二日）に執行される。寺伝によると、長和年間（一〇一二～一七）、比叡山の恵心僧都《えしんそうず》（源信《げんしん》）が阿弥陀三尊像を奉安し、念仏守護神として摩吒羅神《まだらしん》を勧請し国家安全、五穀豊穣、魔障退散《ましょうたいさん》の御祈禱法会《ごきとうほうえ》（厄除け）を修したのが起こりとある。

摩吒羅神は、慈覚《じかく》大師（円仁《えんにん》）が勧請した天台宗の護法神

（天台宗では摩多羅神と表記）。障碍神《しょうがいしん》で、摩訶迦羅天《まかからてん》（大黒天）、吒枳尼天《だきにてん》と習合。臨終時にこの神に屍肝を食われることで往生できるという。念仏修行僧守護として延暦寺の常行堂《じょうぎょうどう》の後戸《うしろど》に祀られる。

牛祭で摩吒羅神がつける神面と四天王がつける赤青の鬼面は、太秦地区では魔除けとして玄関に飾っている。明治維新に、富岡鉄斎《とみおかてっさい》（往時、車折《くるまざき》神社宮司）がとだえていた祭を再興。現在の神面は鉄斎によるデザインである。京都市無形民俗文化財に登録されているが、平成十五年（二〇〇三）を最後に休止状態で、地元では再興が願われている。

旧暦の祭日は摩吒羅神を勧請した日とも、河勝の命日ともいわれる。同日に赤穂坂越の大避神社では河勝を主神に坂越の船祭が行われ、生島墓所で墓前祭が行われる。

日神と養蚕神を祀る木嶋坐天照《このしまにますあまてる》御魂《みたま》神社（木嶋社《このしましゃ》）

木嶋坐天照御魂神社は、太秦地区の氏神で、通称「蚕《かいこ》の社《やしろ》」「このしまさん」と呼ばれる。創建年代は不詳だが、『延喜式』神名帳には「名神大　月次相嘗新嘗」とある式内社である。境内地は、広隆寺の真東、双ヶ丘の真南、正面の鳥居は広隆寺南門の真東に位置している。

『広隆寺縁起』（承和五年・八三八）には、広隆寺持住道昌が勅命により「木嶋名神」の池水に

木嶋坐天照御魂神社（蚕の社）

祈雨の祈禱を行うなど、「雨乞いの神」として知られ、祈雨の御霊験により長久四年（一〇四三）に神階最高位の正一位に叙されている。広大な境内地は広隆寺への参道（現在の太子道）の途上にあり、門前の木嶋里は市がたち遊女もいたという。『梁塵秘抄《りょうじんひしょう》』には、稲荷社、八幡社とならぶ参拝者の数だと詠まれている。

御本殿の御祭神は天之御中主神《あめのみなかぬしのかみ》、彦穂々出見命《ひこほほでみのみこと》、鸕茅葺《うがやふき》不合命《あえずのみこと》、瓊々杵尊《ににぎのみこと》、大国魂神《おおくにたまのかみ》の五柱で、三柱鳥居《みはしらとりい》中央の石組に坐する神々である。

由緒書には「五柱の神のご神徳を感じ、天照御魂神《あまてるみたまのかみ》という」とある。この神は天照大神とは別神格の太陽神ではないかという説がある。『続日本紀』大宝元年四月三日条「月読神と木嶋神の神稲を中臣氏に給付する」という記述を分析し、秦氏が月読神を月神、木嶋神を太陽神としてセットで祀ったのではないかという研究者もいる。

東御本殿の蚕養《こかい》神社は、秦氏が祀った養蚕、機織、染色の祖神で「蚕の社」と呼ばれる由縁である。和装業界の篤い信仰を集め、境内には「西陣縮緬《ちりめん》仲間」と書かれた奉納石板がある。

元糺の池と三柱鳥居

木嶋社の信仰の原点が、境内にある元糺《ただす》の池（神池）と三柱鳥居である。これをとりかこむ森を元糺の森という。社には「嵯峨天皇の御世に、糺を下鴨神社に遷してより元糺という。神池は身禊《みそぎ》の行場で、夏の土用の丑の日に手足を浸すと無病息災の信仰がある」と伝わる。

三柱鳥居

下鴨神社はカモ氏が創建した社であり、この縁起は『秦氏本系帳』に書かれている秦氏と賀茂氏の婚姻関係と、共同祭祀を物語るものである。土用には、木嶋社の元糺の池と下鴨神社の御手洗池《みたらしいけ》の双方で「足つけ神事」が行われ、無病息災を願う。

上田正昭氏は、「木嶋社は泉を祀る磐座」という。平成十四年（二〇〇二）の発掘調査で、御本殿東側にも泉跡がいくつか見つかった。境内の石灯籠に「磐座宮廣前」と刻まれていることもその証拠である。神池の上段には三本足の三柱鳥居がそびえ、中央には石組があり、御幣が立てられている。京都三珍鳥居の一つで、由緒書きには「全国唯一の鳥居である。上段神池にあり、(明神)鳥居を三つ組み合わせた形態である。中央の組石は御本殿御祭神の神座であり、宇宙の中心を表し、四方より拝することができる。創立年代は不詳だが、現在の鳥居は享保年間(一七一六〜三六)に修復されたものである」とある。

宮司の神服一夫氏は、「雨水が地下水となりこの地に湧き広大な森となったので木の嶋と呼ばれた。湧水口を神座として祀り、四方から遥拝できるように三柱鳥居ができた」という。

『北斎漫画《ほくさいまんが》』には「三才《さんさい》鳥居」として描かれており、江戸期の豪商、三井が木嶋社を祈願所として信仰し、三柱鳥居の信仰を全国に広めたといわれている。

『秦氏の研究』で大和岩雄氏は、この三柱鳥居には不思議な仕掛けがあると指摘している。前頁の

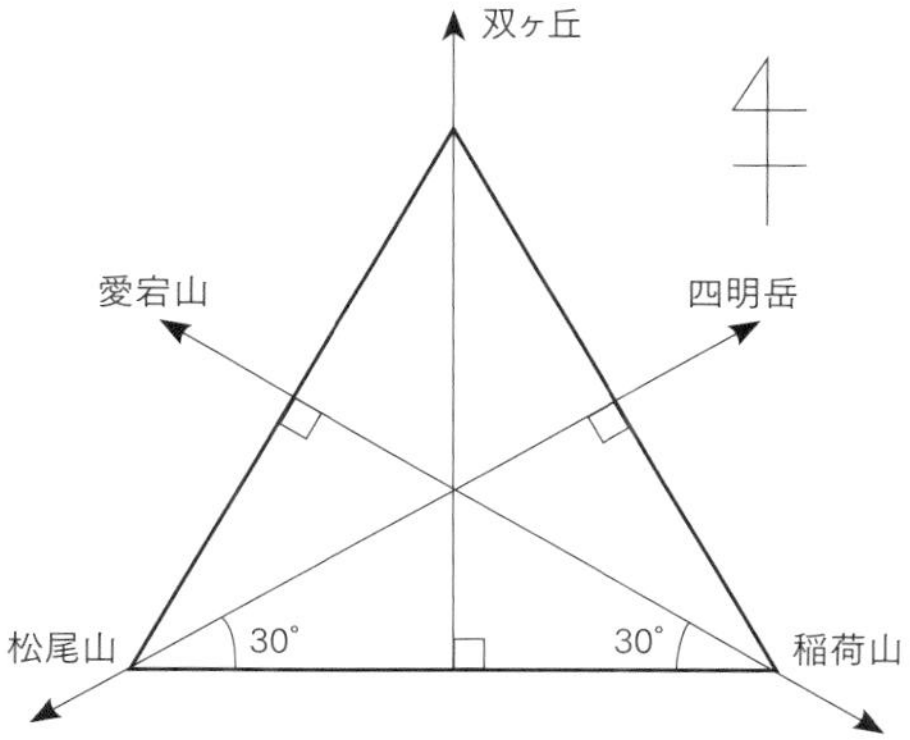

三柱鳥居と山の方位関係

図のように、鳥居を上から見た三角形の頂点、頂点からの垂線は全て秦氏ゆかりの聖地を指している。頂点は、松尾山、稲荷山、双《ならび》ヶ《が》丘《おか》。松尾山からの垂線は比叡山。稲荷山からの垂線は愛宕山を指す。

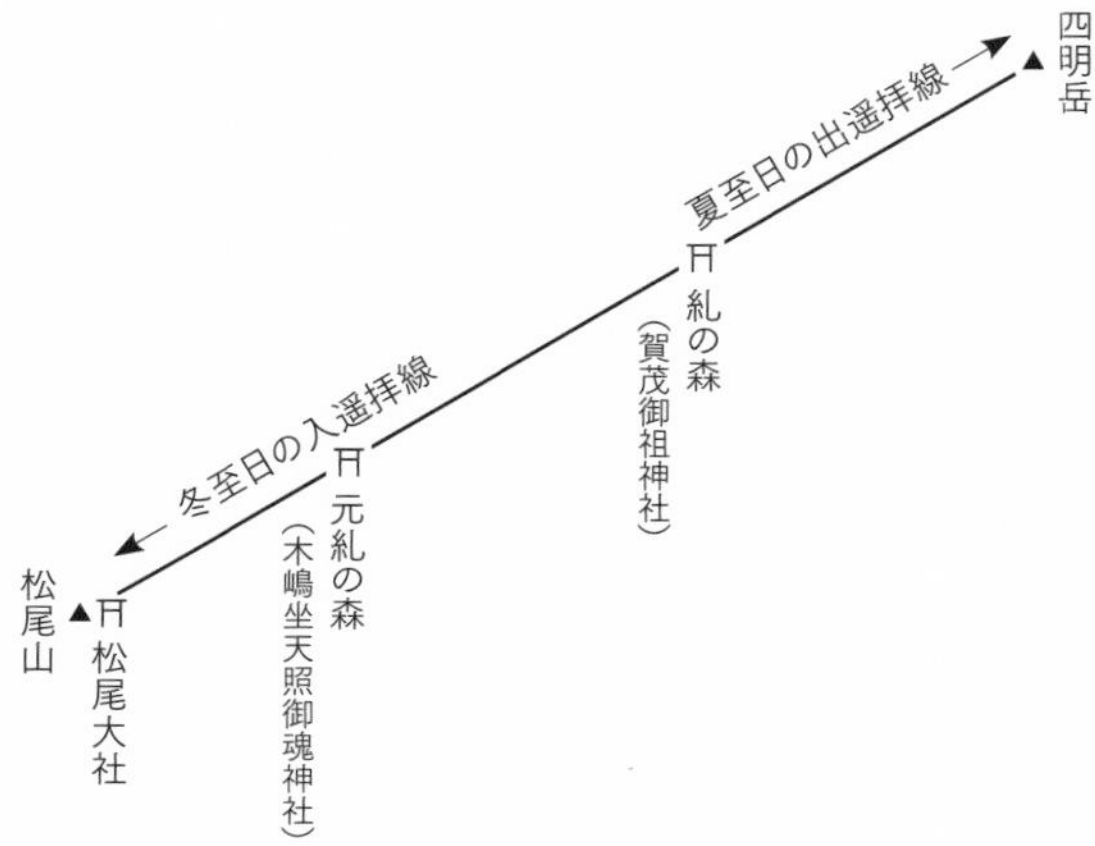

元糺ノ森と糺ノ森をつなぐ遥拝線

上の図のように「元糺」(木嶋社)と「糺」(下鴨社)を線で結び、両端を延長すると、東北は比叡山、西南は松尾山に至る。比叡山方向は「夏至の日の出遥拝線」、松尾山方向は「冬至の日の入遥拝線」である。大和岩雄氏は「糺」を「ただす」と解釈し、「元糺・糺」は比叡山の朝日が「タダサス」地とし、松尾山の別名である日埼峯もこれに由来するとした。さらに朝鮮半島新羅国の「日光感精伝承」と結びつけた。

京都市埋蔵文化財研究所の発掘調査に伴う測量において、境内地は広隆寺の真東、双ヶ丘の真南、鳥居は広隆寺南門の真東に位置している。

秦氏と桂川流域の古墳、遺跡

松尾の古墳群と遺跡

桂川流域には古墳や遺跡が多く、秦氏に関連するものと考えられている。

旧社家の東昌夫氏は、松尾族（秦氏）の首長集落を唐櫃越《からとご》え山道登山口の山田岐《やまだわかれ》付近とし、『洛西』五十号（松尾大社社務所、平成十三年七月二十七日発行）にこのような寄稿をしている。

唐櫃越え山道沿いは松尾族首長の埋葬地帯である。古墳が六基あり、山田桜谷古墳（一、二号墳）、桜谷墓地には『公卿補任《くぎょうぶにん》』に記された松尾社歴代神主の古墓がある。前方後円墳である清水塚古墳、天鼓の森古墳、巡礼塚古墳、穀塚古墳（出土品から被葬者は将軍クラスと推測）がある。『日本三大実録』貞観元年（八五九）、従五位を授けられた松尾末社・清水社があり、『山城名勝志』（江戸期）によると山田ノ井を祀っていたという。この井戸が山田郷（松尾社本貫地）発祥の源泉である。近世まで、松尾農協付近に社家邸宅跡があり首長集落の痕跡があった。唐櫃の語源は中国風葬礼（石棺が山上に引きあげられる様子）

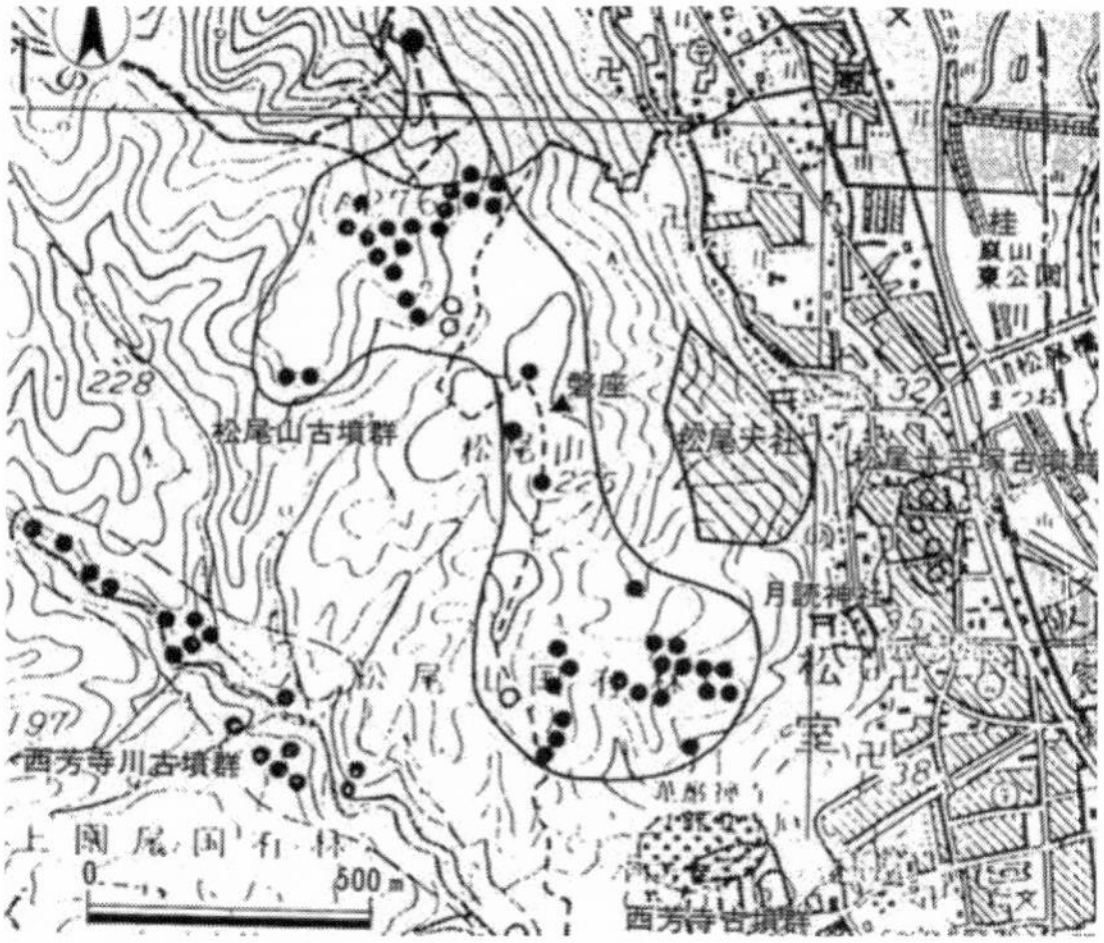

松尾大社周辺の古墳群

に由来し、大陸から来た秦氏がつけた地名と考えられる。

東昌夫氏は、唐櫃越えが平安京造営以前の古道で、松尾社系古社が多い丹波国王子村唐櫃越（亀岡市）に通じていることに着目し、松尾と丹波を繋ぐ大動脈と述べている。

昭和五十八年に松尾中学校建設予定地調査で、この首長集落遺跡北側に弥生、古墳時代から平安時代にかけての大規模な集落遺跡、松室《まつむろ》遺跡が発見された。弥生時代（紀元前十世紀から三世紀）、古墳時代後期（六世紀前半から七世紀末）、飛鳥時代の竪穴式住居、掘立柱建造物、土坑、大《おお》溝《うなで》などが発掘された。平安時代の土地売買書に秦氏の名前があることから、遺跡を調査した京都市埋蔵文化財研究所は、このように記載している。「この集落は農耕に従事しながら、葛野川の維持補修をしていた秦氏の土木技術集団の居住跡と考えられる。発掘地一帯は、昔から桂川の氾濫に見舞われた場所だったにも関わらず、集落の地盤は強固でかなり整備したものである。秦氏の土木技術のすばらしさの一端をのぞかせている。」

東昌夫氏は、遺跡にある大溝跡に着目し、このように述べる。

この大溝は古墳時代後期に機能し、平安後期に埋没したと報告されている。葛野大堰以前に造られていた可能性が高い。松尾族は梅津大溝（四五〇年頃）、松室大溝（四七〇年頃）、松尾大溝（四九〇年頃）を造っており、松室大溝の一部がこの大溝である。梅津大溝は上流が消滅し、下流が右岸東幹線用水路となった。松室大溝は上流が一ノ井に接続され東一ノ井川となった。松尾大溝は社家集落の部分が改修されたが他は西幹線として残った。

これらの大溝は現在使われる「洛西用水」の基礎となった。

西芳寺《さいほうじ》山、松尾山には西芳寺川古墳群、松尾神社西方古墳群、松尾山古墳群、嵐山山田古墳といった古墳群が密集している。古墳時代中期〜後期（五〜六世紀）のもので、西芳寺川古墳群は松尾南松尾山、松尾北松尾山、松尾谷松尾山町、下山田上園尾町、松尾神ヶ谷町、山田南など西方寺川に沿って点在する古墳群で約四十三基ある。京都盆地と周辺部において最も古墳が密集している地域である。松尾山磐座の上には松尾山古墳群、松尾山古墳北支群、松尾廃寺跡がある。平地には松尾十三塚古墳群があったが破壊されている。

嵯峨野・太秦古墳群と遺跡

桂川左岸の嵯峨野の段丘には大型円墳を中心する、山越《やまごえ》古墳群、甲塚《かぶとづか》古墳、甲塚支群、広沢支群、嵯峨七つ塚支群、大覚寺支群がある。大覚寺支群の南天塚古墳、入道塚古墳は六世紀後半から七世紀初頭の築造とされる。『埋蔵文化財概報一九七六』によると、大覚寺三号墳から新羅式土器が出土し、秦氏と新羅国の関係を示している。梅ヶ畑祭祀遺跡からは四個の銅鐸が出土し、「秦」「寺」と書かれた八世紀代の墨書土器が出土。梅ヶ畑を源流域とする旧御室川と西の旧有栖川の間にある太秦では、和泉式部町遺跡、常盤仲之町遺跡、村ノ内遺跡、多薮町遺跡、上の段町遺跡、西野町遺跡といった弥生から飛鳥時代にかけての住居跡が発掘されている。（「梅ヶ畑祭祀遺跡」京都市埋蔵文化財調査概要一九九九）

五世紀後半～六世紀後半になると、太秦周辺に首長級墳墓とみられる巨大前方後円墳が出現

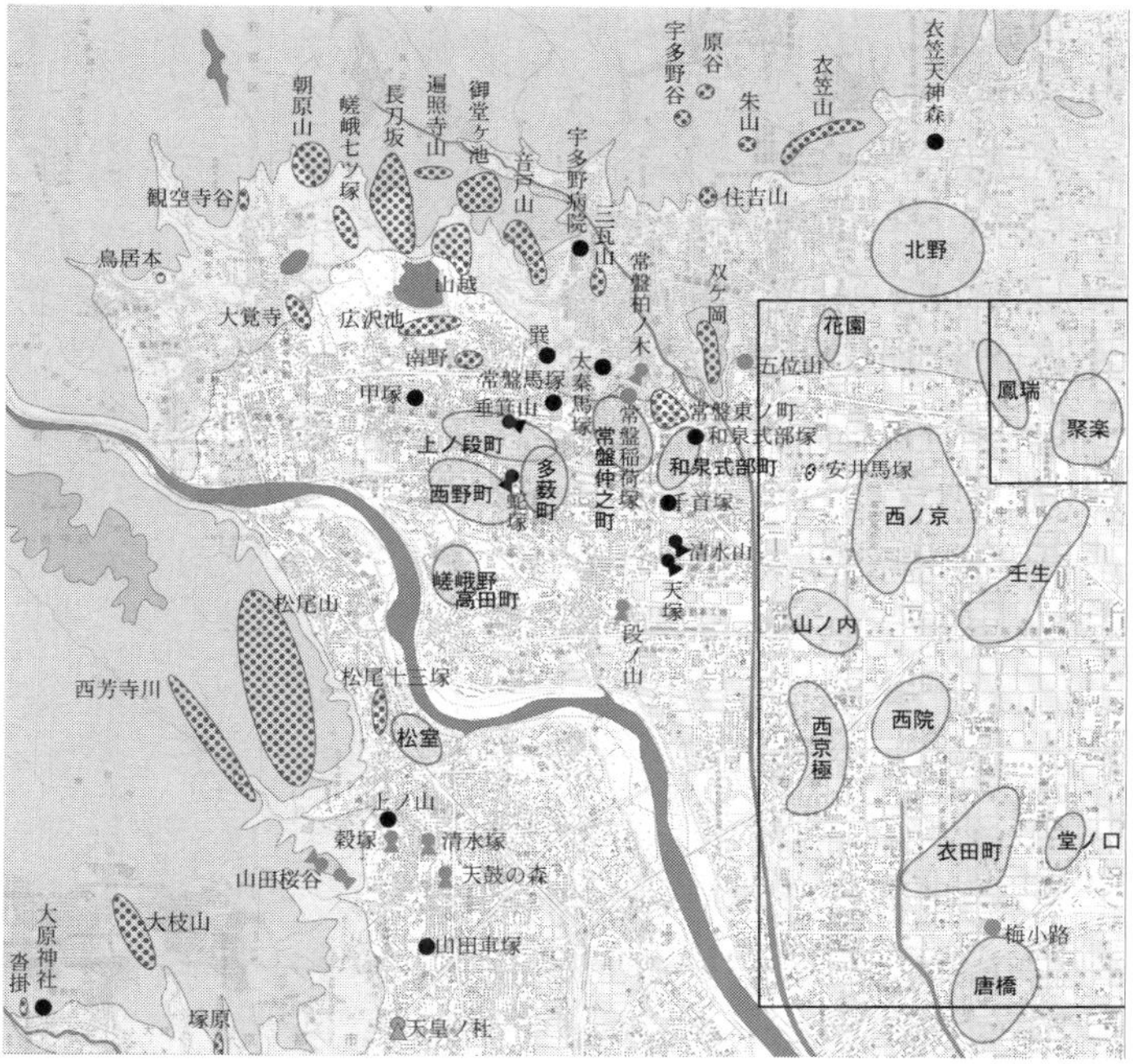

嵯峨野地域の遺跡分布図（高橋潔「太秦・嵯峨野地域の遺跡2」・第223回京都市考古資料館文化財講座資料より）

する。馬塚古墳（五世紀中頃）、段の山古墳や清水山古墳（共に五世紀末）、全長約七十一メートルの大型前方後円墳で須恵器などが出土した天塚《あまづか》古墳（六世紀初頭）がある。「山城の石舞台」といわれる蛇塚《へびづか》古墳は、巨大な横穴式石室が露出している大型前方後円墳で全長七十五メートル、前方部幅約三十メートル、後円部幅約四十五メートル。石室の大きさは全長十七メートル、玄室は嵯峨野地域最大で長さ約六・八メートル、幅約三・八メートル、高さ約五・二メートルで六世紀末頃の築造とされ、秦氏の首長クラスの墳墓といわれている。垂箕山《たるみやま》古墳は宮内庁が桓武天皇皇子仲野《なかの》親王墓としているが、築造年代は六世紀中頃で考古学的には秦氏関連とされる。廃墳が再利用された可能性があり、秦氏と桓武政権の親密さがうかがえる。『徒然草《つれづれぐさ》』の著者である吉田兼好《よしだけんこう》が隠棲した名勝双ヶ丘は三つの丘の古墳で、七世紀初頭の築造とみられる約十三基の大小円墳が確認されている。

これらの古墳群は、葛野秦氏が葛野大堰築造に成功して一大勢力となり、宗家の拠点を太秦においたことを物語る。

第三章

平安京　千年の都を護る松尾大社

山背国遷都と松尾社

山背国への遷都と神階

第五十代桓武《かんむ》天皇は、山背《やましろ》国にて二度の遷都を行った。長岡京遷都（延暦三年・七八四）と平安京遷都（延暦十三年）である。松尾社は、長岡京遷都の際に以下のように神階などを賜っている。

紀船守《きのふなもり》を遣わし賀茂上下二社を従二位、大中臣諸魚《おおなかとみのもろな》を遣わし松尾乙訓二神を従五位下に叙した。長岡京遷都のためである。（『続日本紀』延暦三年十一月二十日条）

朝廷が勅使を遣わし、賀茂上下二社および松尾乙訓社の修理をした。（同　延暦三年十一月二十八日条）

従五位下の松尾の神を従四位下に叙した。（同　延暦五年十二月二十六日条）

長岡京は暗殺事件や怨霊の祟り、天災、工事の難航などが続き十年で廃都となった。和気清《わけのきよ》麻呂《まろ》の建議もあり新たな都として山背国葛野《かどの》郡、愛宕郡にまたがる地が選ばれた。天皇は延暦十三年十月二十二日に平安京に遷り、松尾社にこのように崇敬の念をあらわした。

平安京遷都により賀茂松尾社の神に神階の加階を行った。

（『日本後紀』延暦十三年十月二十八日条）

そして天皇は、次のような二つの詔を出した。

葛野の大宮の地は山や川麗しく、四方の国の百姓が参上するのに交通や水運の便が良いところである。（右に同じ）

この国は山と河が襟と帯の如く美しく、自然を要害とする城のようである。この素晴らしい地勢に因み新しい国号を制定すべきである。山背国を改め山城国とせよ。新京に来た民、謳歌を歌う人々が異口同辞して平安の京と呼ぶので、平安京と号する。近江国滋賀郡古津は天智《てんじ》天皇の都で、平安京と接する。昔の地名を大津と改名せよ。
（同　延暦十三年十一月八日条）

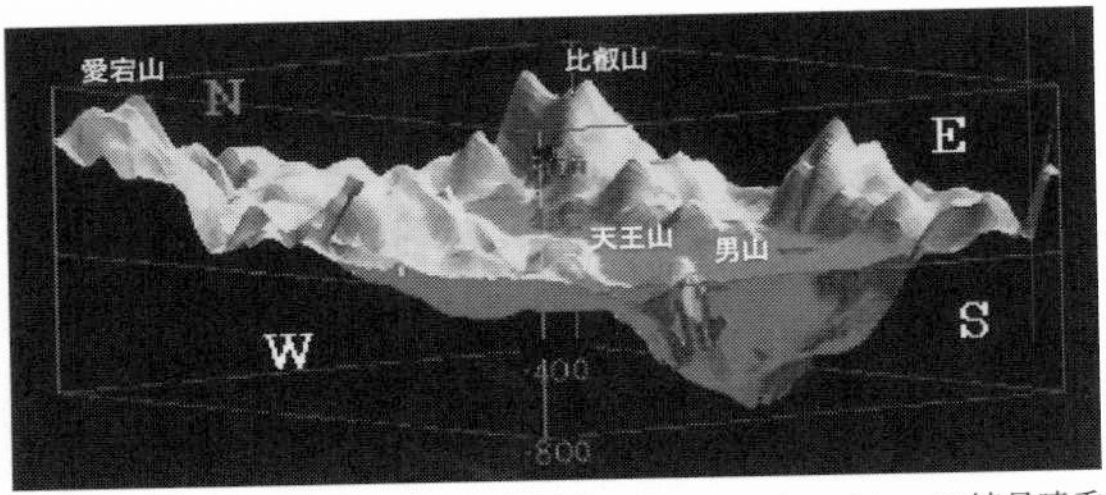

南西から見た京都水盆の三次元シミュレーション　©楠見晴重

平安京は風水（中国の地理哲学）における四神相応《ししんそうおう》という最高の吉相地に造営された。四神とは四方を護る神獣で、それを地形にあてはめて、東の青龍《せいりゅう》は鴨川、西の白虎《びゃっこ》は山陰道、南の朱雀《すざく》は巨椋池《おぐらいけ》、北の玄武《げんぶ》は北山、丹波山地とした。背後に山があり前方に大池がある「背山臨水《はいざんりんすい》」の地を、京都三山（北山、東山、西山）という里山が囲み、風をコントロールし水を得る「蔵風得水《ぞうふうとくすい》」の地形となっている。

近年、関西大学工学部の楠見晴重氏の研究で、京都盆地の地下に琵琶湖に匹敵する大量の地下水が溜まっているのが発見され、「京都水盆《すいぼん》」と名付けられた。千年という世界的にも稀有な都の生命力は、京都の山々が育んだ豊富な名水である。松尾社の霊水亀の井の水が日本一酒造神たる由縁となったように、京都の名水は信仰や京文化の源となった。

山背国という恵まれた土地を見出し開発したのは秦氏だった。『日本後紀』には遷都の前に、桓武天皇が頻繁に葛野に狩猟に出かけている記録がある。狩りをしながら視察をしていたのかもしれない。松尾社が遷都とともに皇城守護神となった背景には、桓武天皇一族と松尾社を洛西総氏神とする葛野秦氏との深いつながりがある。

葛野秦氏と桓武天皇一族

松尾社が御鎮座する松尾郷に隣接する大枝《おおえ》郷は、桓武天皇の母方の祖母土師宿禰《はじのすくね》真妹《まいも》一族の土師氏の本貫地で、天皇の母高野新笠《たかののにいがさ》の陵がある。新笠の父は百済武寧王《ぶねいおう》末裔 和 史乙継《やまとのふひとおとつぐ》（東《やまとの》漢《あや》氏流）である。土師氏は天穂日命《あめのほひのみこと》を祖とし、家祖野見宿禰《のみのすくね》が埴輪《はにわ》を考案した功により垂仁《すいにん》天皇から土師職を賜り、古墳造営や葬送儀礼を司った。大枝郷の土師氏は、延暦九年、桓武天皇より大枝氏を賜り、のちに大江氏と改名する。被葬者の薨伝《こうでん》を書く職掌から、紀伝道《きでんどう》（文章道）権威、菅家とならぶ江家という学問の家となる。平安末には平安京随一の有識者大江匡房《おおえのまさふさ》を輩出し、彼は有職故実書『江家次第《ごうけしだい》』、『江談抄《ごうだんしょう》』などを著した。

大枝土師氏と葛野秦氏の関係を示す史料はないが、長寛二年（一一六四）に、秦吉成という人が山城国乙訓郡大江（大枝）郷巨勢にある先祖伝来の田の耕作権を売り渡す書状がある（『平安遺文』三二七五号)。これは秦氏が大枝郷に在していたことを伝える。土師氏の拠点である大枝、大原野は、今も「秦」、「畑」、「幡」など秦氏ゆかりの苗字が多く、大原野外畑《とのはた》町に松尾神社が御鎮座する。享保十四年(一七二九)の『山城国高八郡村名帳』(山口泰弘所蔵)によると、この一帯の土地管理者八家の中に松室伊賀守の名がある。松室氏は代々、松尾月読社禰宜を世襲し、後西天皇の時代の系図に伊賀守の名がみえる。

松尾郷から大枝郷にかけては、京都市内最大級の前方後円墳である天皇の杜古墳をはじめ大枝山古墳群など古墳が多い地帯であることから秦氏と土師氏は古墳造営事業において連携していたという研究者もいる。幼少の山部《やまのべ》親王(桓武天皇)は母方祖母の本貫地、大枝郷で養育されていた可能性が指摘されている。大枝郷は長岡京と平安京の双方を見渡せる位置にあり、松尾の秦氏が居住していた。桓武天皇は大枝郷で葛野秦氏の繁栄を垣間見て山背国への遷都を決意したのかもしれない。葛野秦氏が桓武天皇を支援していたことを伝えるこのような書状がある。

山背国百姓秦忌寸刀自女《はたのいみきとじめ》と仲間三十一人が、宝亀三年(七七二)から延暦十一年の二十年間にわたり朝廷(桓武天皇)の為に春と秋に「悔過修福《けかしゅうふく》」という仏事を行い、その功から得度を許された。(『類聚国史《るいじゅうこくし》』巻一八七、延暦十一年正月、僧施暁《せぎょう》書状)

井上満郎氏と村尾次郎氏は、三十一人が悔過を始めた宝亀三年は、光仁天皇の皇太子他戸《おさべ》親王が廃され、山部親王が立太子された頃であるため、桓武天皇の即位を願っての悔過であり、特別に許可されたとしている。両氏はこの記述から、桓武天皇と渡来系氏族（秦氏）とのつながりを指摘している。

次の史料は、桓武天皇皇子賀美能《かみの》親王（嵯峨天皇）の乳母が、秦氏の女性だったことを伝えている。

太秦公忌寸浜刀自女賜姓賀美能宿禰。賀美能親王の乳母なり。

（『続日本紀』延暦十年正月十三日条）

この浜刀自女が前述の刀自女と同一人物かどうかは定かでない。しかし親王の幼名が乳母の名についているのは、太秦公を称した葛野秦氏が嵯峨天皇の幼少期を支えていたことを物語る。

また、嵯峨天皇の離宮である嵯峨院は、嵯峨野の秦氏が土地を献上して造営されており、天皇は返礼として嵯峨野の秦氏に付近の朝原山にちなんで朝原氏という姓を与えている。天皇が崩御された後に、嵯峨院は大覚寺《だいかくじ》となる。開山の恒寂《こうじゃく》法親王（淳和天皇皇子恒貞《つねさだ》親王）は、道昌に師事している。その一角には嵯峨天皇皇子である源融《みなもとのとおる》の山荘棲霞観《せいかかん》（棲霞寺）があった。その敷地に造営された五台山清凉寺《せいりょうじ》（嵯峨釈迦堂）の本願、奝然《ちょうねん》上人の出自も秦氏である。

嵯峨天皇皇后橘嘉智子《たちばなのかちこ》（檀林《だんりん》皇后）が嵯峨に建てた檀林寺《だんりんじ》について、このような記述がある。

右京少属秦忌寸安麻呂。造檀林寺使主典同姓家継《いえつぐ》等賜姓朝原宿禰《あさはらのすくね》。

（『続日本後紀』承和三年閏五月十四日条）

秦家継らが造檀林寺使主典となり朝原宿禰という姓を賜わっている。開山として唐の禅僧義空《ぎくう》を招聘し禅が講じられたことから、日本最初の禅寺とされている。

また、太秦にあった広隆寺末寺安養寺《あんようじ》について、このような記録がある。

推古天皇の御世に秦長倉多牟部が建立し当初は徳願寺《とくがんじ》といった。それを嵯峨天皇が安養寺と改名した。優婆塞尼寺ともいう。

（『山城洲葛野郡楓野大堰郷広隆寺由来記』、『群書類従』巻四三〇所収）

『末寺別院記』（鎌倉時代初頭、広隆寺蔵）

この尼寺の御本尊は石像弥勒菩薩だった。その寺に嵯峨天皇が関わっている。安養寺は廃寺となったが、太秦に明治初期まで安養寺村という地名があった。

太秦にある垂箕山《たるみやま》古墳は、六世紀中頃のもので葛野秦氏の古墳と推測されるが、宮内庁により桓武天皇皇子仲野《なかの》親王墓に治定されたことは前述した（80頁参照）。調査は行われていないが、廃古墳が献上されたのではないかともいわれており、こうした事例から、葛野秦氏は桓武天皇一族を支えていたと考えられる。

葛野秦氏と藤原氏

桓武政権の後ろ盾となった葛野秦氏は、藤原氏と婚姻関係を結んでいく。藤原氏は婚姻により秦氏の財力と技術力を後ろ盾にしたと考えられている。また桓武天皇は、「秦氏と婚姻関係を結んだ」藤原氏を重用している。

桓武天皇が長岡京造宮長官として側近に置いたのが藤原種継《たねつぐ》（式家）で、その母は秦朝元の娘だった。朝元は奈良朝の官人で医療に長けていたという。長岡京は母の実家秦氏の本拠地葛野郡に近く、葛野秦氏の協力も得られた。『続日本紀』延暦三年十二月十八日条には、「葛野郡の人外正八位下秦忌寸足長《たりなが》に宮城造営の功で従五位を授く」などの記述があり、葛野秦氏の尽力がうかがわれる。

しかし種継が暗殺され、関与した嫌疑をかけられた桓武天皇実弟の早良《さわら》親王が自害。飢饉、疫病の流行、天皇の近親者の相次ぐ死去など変事がおこる。陰陽師の占いで早良親王の怨霊の祟りと出て、御霊として鎮魂の儀式が行われたが、都は大洪水に襲われた。この時に遷都を進言したのが、秦氏と深い繋がりがある和気清麻呂である。『日本後紀』によると、新たな遷都地の調査が、延暦十二年一月十五日、葛野郡宇太村（右京区宇多野）にて行われた。平安京視察使として派遣されたのが、大納言藤原小黒麻呂《おぐろまろ》（北家《ほっけ》）である。彼は桓武天皇夫人藤原旅子《たびこ》の喪事をとりしきり、皇母高野新笠や皇后藤原乙牟漏《おとむろ》の陵墓造営の責任者などに任命され、桓武天皇から深い信頼を得ていたと考えられる。

小黒麻呂は、秦氏の宗家秦（下）《はたのしたの》忌寸嶋麻呂《しままろ》の娘を正妻とし、嫡男葛野麻呂《かどのまろ》を儲けている。嶋麻呂は葛野郡大領牛万呂《うしまろ》の子で、河勝の曾孫といわれる。造宮録《ぞうぐうさかん》として恭仁京《くにきょう》の垣を造営し、正八位下から従四位下という十四階もの異例の出世をし、太秦公の姓を与えられた。雄略天皇の寵臣《ちょうしん》だった秦酒公《さけのきみ》が太秦公を賜っているが酒公は伝説的人物なので、嶋麻呂が実在の秦氏の本系（宗家）第一号とされている。歴史学者の加藤謙吉氏はこう言及する。「秦氏の下位氏族だった嶋麻呂一族は、太秦公賜姓以降本宗的地位に就き、忌寸、宿禰と改姓して『新撰姓氏録』

左京諸蕃上の筆頭に本系を揚げるまでになった。」
嶋麻呂の息子か孫と考えられている秦忌寸宅守《やかもち》は、長岡京太政官院の垣を造営した功で従五位下を賜っている（『続日本紀』延暦四年八月二十三日条）。嶋麻呂一族が、長岡京、平安京造営に深く関与しているのがわかる。

日本史学者の中村修也氏は『秦氏とカモ氏』で、嶋麻呂は松尾の秦氏一族と推論している。長岡京が松尾地区のすぐ南に位置し、子孫である宅守が長岡京遷都に尽力したのは、松尾の秦氏勢力地盤への都の誘致を目的としたのではないかと指摘する。

中村氏の「嶋麻呂＝松尾秦氏説」についての興味深い史料が、松尾社が所蔵する「月読社祝禰宜松室《まつむろ》家秦氏由緒寫の系図」（『松尾大社史料集』文書篇四・一〇九四所収）にある。松室氏は壱岐《いき》国の押見宿禰《おしみのすくね》（壱岐卜部《うらべ》氏）を祖（中臣系）とするが、秦氏との婚姻関係や諸事情で秦氏を名のり、松尾社の祠官を兼任した。系図は松尾の秦氏（松室家）のものである。それを文章化して解説、要約するとこういう内容になる。

押見宿禰を祖とする系図上に、天平十八年に従五位下で主計頭だった朝元という人物がある。朝元の兄弟に、天平十五年六月に相模守だった井牛麿がある。牛麿の兄弟に従五位武名という人があり、その子に足長、従五位下・兵庫助の宅守という人物が載っている。(「月読社祝禰宜松室家秦氏由緒」、『松尾大社文書』所収)

系図の朝元は主計頭なので、『続日本紀』の朝元と考えられる。ただし、系図には子孫の掲載はない。系図の「牛麿」は、嶋麻呂の父「牛万呂」と字は違うが、年代は同じである。この系図に牛麿の子孫の掲載はない。足長、宅守と同名人物が長岡京造営の功にて位を賜っている。系図上に謎の部分は多いが、もし朝元、牛麿、宅守、足長がこの系図にある人物なら、嶋麻呂が松尾の秦氏だった可能性は高い。

造営長官に任命された小黒麻呂は、嶋麻呂一族の財政・技術的支援を受けて、平安京造営事業を推進したと考えられている。小黒麻呂嫡男の葛野麻呂という名前に、母親の郷里の葛野の地名がついているのは、秦氏宗家である嶋麻呂の藤原氏への貢献度を物語っている。

葛野麻呂については、次の史料がある。

権参議従三位葛野麿

故大納言小黒麻呂ノ一男、従五位下鳥養の孫なり。母は従四位下秦島麿の女。

（『公卿補任』、大同元年）

葛野麻呂も平安京造営使に任命されている。また遣唐大使となり、最澄、空海を同行して入唐《にっとう》し、その功にて従三位まで昇進した。彼の妹上子《じょうし》が桓武天皇後宮に入り、天皇から重んじられた。

『拾芥抄《しゅうがいしょう》』（中世の百科事典）が所引する『天暦御記《てんりゃくぎょき》』（村上天皇の日記）にはこのような記述がある。「平安京大内裏は秦河勝邸宅跡で、紫宸殿前の橘の木は河勝邸にあったものを偲んで植えた。」

井上満郎氏は、喜田貞吉氏の『帝都』の記述を引用し、「嶋麻呂が河勝公邸を相続し、その土地を娘婿の小黒麻呂が引き継ぎ、平安京遷都に伴い帝都の敷地として寄進した」のではないかという。広隆寺の元地と考えられている北野廃寺の遺構は平安京北辺一条通（北野天満宮の南）に面しており、そこから内裏があった現在の千本下立売付近まで、現代の距離検索では一・四四キロメートルで徒歩十八分という距離である。氏寺に比較的近いこの辺りに河勝邸があっても不思議ではない。風水などに精通し、建築技術を有した秦氏宗家の邸宅とあれば、都の吉相地に建てられたのだろう。そして平安京造営とともに、そのまま朝廷に献上されたのではなかろうか。

平安時代の松尾社

皇城鎮護の社、松尾の猛霊

松尾社は平安京遷都とともに皇城鎮護の社となり、「松尾の猛霊《もうれい》」と称された。『山城名勝志《やましろめいしょうし》』に、平安末期の公家、吉田経房《よしだつねふさ》の日記『吉記《きっき》』から引用した、このような解説文がある。

吉記あるいは古記いわく、平安の京は、百王不易の都なり。東に厳神《げんしん》あり、西に猛霊を仰ぐ。厳神は賀茂の大神宮、猛霊は松の尾の霊社これなり。二神の鎮護によりて、万代の平安を期す。然らばすなわち、永久に遷宮すべからず。

（『山城名勝志』巻第十、葛野郡四、松尾社）

藤原兼輔《かねすけ》が延喜十七年（九一七）に撰したといわれる聖徳太子の事績を記した『聖徳太子伝暦《でんりゃく》』には、このような一文がある。

われこの地を相るに……東に厳神います。西に猛霊を仰ぐ。

（『聖徳太子伝暦』推古天皇十二年・太子三十三歳条）

これは秦河勝が太子を葛野に招き仮宮を建て歓待したときに、太子が葛野に都ができるという予言をした場面での太子の言葉の一部である。

『雍州府志《ようしゅうふし》』にもこうある。

東に厳神別雷あり、西に猛霊松尾月神を仰ぐ。（『雍州府志』巻三、神社門下、松尾神社）

「猛霊」とは荒御魂を意味し、勇猛な荒々しい神をイメージする。なぜ松尾社が「猛霊」と称されたのかは不明である。しかしその名称から、先住の荒ぶる自然神（山の神）と、秦氏が勧請した宗像神（水の女神）が融合した神威は強大なものだということが伝わる。

桓武天皇が、松尾社を皇城にとって重要な社としていたことを物語るのが、皇朝十二銭《こうちょうじゅうにせん》の一つ「隆平永宝《りゅうへいえいほう》」（延暦十五年発行の詔）の流通に関する記述である。

鋳造された新銭の流通を開始した。伊勢神宮、上下賀茂社、松尾社へ奉納し、七大寺および野寺（広隆寺前身か）へ施入した。（『日本後紀』延暦十五年十一月十四日条）

嵐山の渡月橋下流北側に「此付近　桓武天皇勅営角倉址　了以翁邸址　平安初期鋳銭司旧址」という葛野鋳造所址の石碑がある。ここで鋳造された新銭は、対岸にある櫟谷宗像神社に必ず奉納されていた。ゆえにこの社は金運財運、福徳財宝の守護神として嵐山弁財天とも称された。『日本三代実録』には、「貞観永宝《じょうがんえいほう》」（貞観十二年）がこの社に奉納された記述がある。

平安初期鋳銭司旧址とある石碑

名神大社と二十二社

第一章でも触れたように、平安末期に大江匡房が著した『江家次第』に「松尾社は天平二年（七三〇）大社に預かる」とあり、大社に列せられている。

平安時代になると律令制において、朝廷から重要視される神社に官社として社格が与えられた。その基準が『延喜式』神名帳である。朝廷の神祇官（勅使）から奉幣《ほうへい》をうける官幣社と、国司から奉幣をうける国幣社があった。古から霊験が著しい「名神」を祀る社は、名神大社（名神大）と表記された。この中で松尾社は、このように記されている。

松尾神社《まつのをのかみのやしろ》二座　並名神大《みなみょうじんだい》、月次《つきなみ》・相嘗《あひなへ》・新嘗《にいなへ》　山城国葛野郡鎮座

松尾神社と表記され、御祭神の二座は、名神大社として崇敬され、月次祭《つきなみさい》、相嘗祭《あいなめ》、新嘗祭《にいなめ》に奉幣（勅使による供え物）を受ける最上の社格を有した。

次に国家の重大事、天変地異の際に奉幣に預かり国家的祈願が行われる神社が、平安中期頃から固定されてくる。平安末期には二十二社が制定され、有事のときには、名神大社で臨時の国家祭祀が行われた。松尾社はしばしば臨時祭の奉幣に預かり、二十二社奉幣の上七社になっている。

吉田兼倶《よしだかねとも》が撰した『二十二社註式』（文明元年・一四六九）や『神道大意』「定二十二社次第事」はこの二十二社の成立を記しているが、『日本紀略』延喜五年（九〇五）から寛仁三年（一〇一九）における奉幣に預かった山城国の名神大社の記述をみると、上位三社（松尾、賀茂、石清水）にな

らび称されている。後醍醐天皇の寵臣だった北畠親房《きたばたけちかふさ》は、『二十一社記』に二十二社の成立を記し、「松尾の社……上七社の第四にこれを列す」と記述している。

槻木事件

皇城鎮護の社である松尾社の異変は、朝廷にとっては一大事だった。それを物語る事件が伝えられている。仁明《にんみょう》天皇の御世に起こった奇妙な事件の記録である。『続日本後紀』承和十四年六月二十一日条や『本朝月令』の記述をあわせると、このような内容である。

相撲司の役人が、葛野郡の郡家（郡の役所）前の槻木《つきのき》（ケヤキ）を伐り、牛皮張りの太鼓を作ると祟りがあった。松尾神が「この木は我が遊び場だから伐るな」とお怒りになったので、太鼓と幣を奉り祈謝し、正四位下勲二等だった神階を従三位に改めた。

年月を経て太鼓の革が破損した。神職が太鼓の輪鉄を取り、釘や馬鍬を作り売ったので祟りが起こり、神職は解任された。右大臣源多《まさる》が奉幣使として大社に詣で、太鼓の革をはり、輪が無いので釘を打った。すると以前の百倍も響いた。

御笏落つ事

松尾大社には多くの御神像が伝わっている。その中で男神像が持つ笏《しゃく》にまつわる不思議な事件が藤原宗忠《むねただ》の日記『中右記《ちゅうゆうき》』、源師時《もろとき》の日記『長秋記《ちょうしゅうき》』の長承元年（一一三二）の記録にある。

今日、軒廊御卜《こんろうのみうら》あり。（中略）松尾社怪異三ヶ条、鹿鳴く事、御笏落つ事、宝殿鳴る事。奉幣あり、三社。二十七日、伊勢、松尾渡、稲荷。（『中右記』長承元年四月十七日条）

智証《ちしょう》大師（円珍《えんちん》）所造立之（神宮寺御座）御正体《みしょうたい》笏また落とす。

（『長秋記』長承元年六月三日条）

笏は元々官人が備忘のために持っていたが、神祇関係者も持つようになり威厳を表すものとなった。御神像から笏が何度も落ちたというのである。笏が落ちたのが二軀（重要文化財）のどちらの男神像かは定かでない。

卜占《ぼくせん》が行われるというのは大変な異変とされていた。「軒廊御卜」とは、平安時代以降に天災や宮中、社寺の怪異や異変の際に、内裏の紫宸殿に続く廊下で行われる卜占のことである。神祇官の亀卜《きぼく》や陰陽寮の式占《しきせん》が行われた。現在の京都御所の紫宸殿の東階下から宣陽殿《ぎようでん》に渡る吹き放しの廊下にある「漆喰地面にはめ込まれた方形の平石」が、亀卜を行った跡といわれる。二つの事件は、天皇家と朝廷がいかに松尾大神を畏れ敬っていたかを伝えている。

松尾社の祈禱と神階

松尾社は平安時代の歴代天皇の祈禱を承っている。『日本文徳天皇実録』斉衡三年（八五六）五月九日条には「大極殿、冷然院、賀茂、松尾神社において、僧侶二百五十人が三日間にわたり大般若経《だいはんにゃきょう》を読経し疫病、厄災を祓った」という記録がある。

村上《むらかみ》天皇は、内裏と京師の安康を祈願された。『類聚符宣抄《るいじゅうふせんしょう》』には天徳二年（九五八）都に疫病が流行し死者が多数でたので、松尾社をはじめ京内外社寺で仁王《にんのう》般若経が輪読されたとある。『続日本後紀』嘉祥三年（八五〇）、仁明《にんみょう》天皇の病が重くなり、松尾社に左右馬寮《さゆうのめりょう》の馬六疋《ひき》を奉納して病気平癒の祈禱が行われた。清和《せいわ》天皇の貞観八年七月は祈雨の奉幣祈禱があり、『延喜式』には全国祈雨神祭を行う八十五座の一に数えられた。

平安時代、松尾社は歴代天皇の崇敬を賜り、仁明天皇の御世に従三位に、文徳天皇の御世に正二位に、清和天皇の御世に正一位に神階が昇進した。

従四位上勲二等松尾の神を正四位下に叙す。（『続日本後紀』承和十二年五月二十四日条）

正四位下勲二等松尾の神を従三位に叙す。

（同　承和十四年七月二十六日条、前述の「槻木事件」による授位）

山城国松尾の神に正二位を加える。（『日本文徳天皇実録』仁寿二年五月八日条）

山城国正二位勲二等松尾の神に従一位を、葛野月読神を正二位に叙す。

（『日本三代実録』貞観元年正月二十七日条）

山城国従一位勲二等松尾の神の神階を進め正一位に加える。（同　貞観八年十一月二十日条）

雨雹の害があり神の祟りとされ、賀茂御祖別雷両社に各十四、松尾に五匹の馬を奉献し、神の怒りを鎮めた。（同　貞観十五年五月五日条）

大極殿が炎上。小安殿《こやすみどの》（天皇執務室）、蒼龍《そうりゅう》白虎《びゃっこ》両楼、延休堂、北門等が延焼し、火は数日間燃えた。五月三日、神祇伯棟貞王《むねさだおう》を伊勢へ、翌四日に藤原冬緒《ふゆお》を松尾社へ、菅原是善《すがわらのこれよし》を上下賀茂社へ遣わし、奉告がなされた。

（同　貞観十八年四月十日・五月三日・同四日条）

大極殿は元慶四年（八八〇）二月に完成し、二月五日に賀茂御祖別雷両社、松尾社、平野社、大原野社、稲荷社へ竣工を奉告する奉幣が行われた。

平安時代の歴代天皇の中で、清和天皇と松尾社とのつながりが最も深く感じられる。清和天皇は松尾社を神階最高位である正一位に叙し、在位中の貞観年間に松尾祭が創始されている。さらに松尾社氏子と清和天皇との信頼関係を伝える伝承が、愛宕山の麓にある水尾《みずお》の里に語りつがれている。

「柚子の里」で知られる水尾の里は、今でもおよそ八割が松尾という苗字である。水尾の松尾さんたちは、清和天皇が隠棲し水尾に入られた際に、天皇を慕って松尾村から移住した人々の子孫だという。摂関家の権力におされて政治に関与できない天皇は陽成《ようぜい》天皇に譲位し、出家して隠棲生活に入った。諸国を巡り最後に水尾に入り絶食修行をしながら寺の建立をすすめた。し

清和天皇水尾山陵

かし病に倒れ、源融の山荘棲霞観で静養されるが、洛東粟田口《あわたぐち》の円覚寺にて三十一歳で崩御。天皇は自らが選んだ終焉地、水尾に永眠したいと遺言されていた。そこで水尾に清和天皇陵が築かれ、水尾の松尾一族が陵を護ってきたという。

松尾社への行幸

松尾社への最初の行幸は、一条《いちじょう》天皇の寛弘元年（一〇〇四）十月十四日である。『御堂関白記《みどうかんぱくき》』（藤原道長の日記）や『権記《ごんき》』（藤原行《ゆき》成《なり》の日記）、『日本紀略』などに記録されている。この時に源兼澄《かねずみ》が詠んだ歌が、『後拾遺《ごしゅうい》和歌集』（応徳三年・一〇八六）、『千載《せんざい》和歌集』（文治四年・一一八八）という二つの勅撰集に収録されている。

一条院の御時、はじめて松尾の行幸待りけるに、うたふべき歌つかまつりけるに、

ちはやぶる　松尾山《まつのをやま》の　蔭《かげ》見れば　今日《けふ》ぞ千歳《ちとせ》の　始めなりける

（松尾山の青々と茂った松の木陰を見ると、今日が繁栄の第一歩であるように思われることだ。）

一条天皇は、午後二時頃に内裏を出発し、四時頃に松尾社に到着。神事、東遊、舞楽の奉納などの行事を終え、午後十時頃に内裏に還ったと記録されている。この史料から、内裏から松尾社までの所要時間が片道二時間もかかったということがわかる。

平安から鎌倉期にかけての行幸は左頁の表のとおりである。

行幸は華やかに行われていた。源師時の日記『長秋記』には、鳥羽天皇の松尾社行幸が書かれている。現在の松尾橋の南側に浮橋があったとあり、そこで龍頭鷁首《りゅうとうげきす》の船を着け、雅楽寮が楽を奏上する中、天皇の行列は乗馬のまま浮橋を渡り、一之鳥居の下で馬をおりた。社頭では放馬や舞楽が催されたとある。

御社領と信仰の広がり

平安時代には、天皇や公家の篤い信仰を集め、社頭は栄えた。御社領も近隣から遠方まで点在し、御社領があった地には御分霊を勧請して松尾神社が祀られた。現在、分霊社は全国に約千三百余社あり、松尾信仰の広がりを伝えている。

元松尾社家である東家の文書は、松尾社周辺の土地に有力な秦氏が居住し、社の荘園が形作られていたことを伝える。平安時代にはこの一帯の土地の売買が行われており、葛野大堰から

一条天皇	寛弘元年（一〇〇四）十月十四日
後一条天皇	万寿元年（一〇二四）十一月二十三日
後朱雀天皇	長久二年（一〇四一）八月二十七日
後冷泉天皇	永承六年（一〇五一）四月二十七日
	永承七年（一〇五二）十一月
後三条天皇	延久三年（一〇七一）三月二十六日
白河天皇	承保三年（一〇七六）十月十七日
堀河天皇	寛治四年（一〇九〇）十月二十七日
鳥羽天皇	永久元年（一一一三）八月十一日
崇徳天皇	天治二年（一一二五）九月十一日
	大治五年（一一三〇）九月十二日
近衛天皇	久安五年（一一四九）八月二十日
二条天皇	応保元年（一一六一）十月二十一日
高倉天皇	承安元年（一一七一）十月十九日
後鳥羽天皇	建久二年（一一九一）十二月八日
順徳天皇	建保五年（一二一七）十二月一日

平安から鎌倉期にかけての松尾社への行幸一覧

の用水で栄えた豊かな荘園として不動産価値があったことがわかる。また売買には皇朝十二銭の寛平大宝《かんぴょうたいほう》（寛平二年・八九〇）が使用されており、庶民は物々交換だった時代に葛野秦氏が貨幣経済に通じていたことを伝える。

『松尾大社史料集』によると、立券（荘園を立てること）が定かである御社領は次の六庄である。

場所	立券年	立券者	備考
丹波国雀部《ささべ》庄	天承二年（一一三二）	秦頼親	京都府福知山市字土に松尾神社がある
越中国松永庄	久安五年（一一四九）	秦頼親	富山県小矢部市松尾に松尾神社がある
信濃国今溝庄	永万年間（一一六五〜六六）	秦相頼	長野県小県郡長和町に松尾神社がある
遠江国池田庄	嘉応二年（一一七〇）	秦相頼	静岡県磐田市海老島に松尾神社がある
摂津国山本庄	治承元年（一一七七）	秦相頼	兵庫県宝塚市山本に松尾神社がある
丹波国桑田庄	寿永三年（一一八四）	秦相頼	京都府亀岡市篠町山本に式内社桑田神社がある

平安末期には池田庄のように、すでに東海地方にも御社領があったことがわかる。その他にもこのような御社領の記録がある。

■丹波国小川庄　寿永三年（一一八四）十一月に聖朝安穏之御願により寄進された。

■丹波国天田川庄　養老年間（七一七〜二四）に採菜所があった。

■伯耆《ほうき》国東郷庄　倭文《しどり》神社（鳥取県東伯郡湯梨浜町）経筒の康和五年（一一〇三）十月三日付の「伯耆国河村東郷」という銘から、平安末期に成立した荘園が御社領になったが、経緯は不明であると考えられている。

■伯耆国竹田庄

■伯耆国三朝庄

■尾張《おわり》国設楽《したら》庄　建久七年（一一九六）六月十七日付「源頼朝下知状」（『松尾大社文書』）に、公領の時代よりの荘園と領有許可があり、それを容認する内容が書かれている。愛知県北設楽郡設楽町松戸に松尾神社がある。

■甲斐《かい》国巨摩《こま》庄　建久七年、年貢を納めない地頭を訴えたのに対し、源頼朝が年貢納入を地頭に命ず。

■山城国菱川庄　『台記別記』仁平三年（一一五三）八月八日条に記載される。

■豊前《ぶぜん》国門司庄　建武元年（一三三四）「足利直義《あしかがただよし》寄進状」（『松尾大社文書』）に足利家が寄進したとある。

御社領以外にも、松尾神社が各地に勧請されている。例えば、備前国邑久郡《びぜんおく》（岡山県瀬戸内市牛窓町）には松尾（邑久町尻海）という地名があり、産土神《うぶすな》として松尾神社が祀られている。丘の上にある社の下には秦氏が開発した塩田遺跡が広がっている。周辺には畑、幡など秦氏ゆかりの地名が多々ある。備前地方には松尾神社が七社あり、製塩、須恵器（備前焼起源）で殖産した吉備秦氏が、氏神や産業神として松尾大神の御分霊を勧請したと思われる。

織田信長は松尾社領を安堵し、『松尾大社文書』には境内の谷山田に軍勢が入ることなどを禁じている。豊臣秀吉も境内地、西七条御旅所に御社領を安堵。徳川幕府もこれを受け継ぎ、御旅所、山城松尾社領を寄進している。『松尾大社文書』に、御社領を安堵する織田信長、豊臣秀吉、徳川家康の書状が遺されている。

武家社会における松尾社

源頼朝と松尾社

平安末期、院政が展開される中、藤原摂関家の権力が衰えて源氏と平氏が争いながら台頭し、やがて武士の世をむかえた。

源頼朝は、以仁王《もちひとおう》の令旨《りょうじ》を奉じて平氏打倒に挙兵したが、治承四年（一一八〇）、相模国の石橋山の戦いで大敗し、山中に逃げ込み安房《あわ》国へ逃れようと画策する。その途上で、皇大神から白羽の丹塗矢を賜る夢をみた。頼朝はこれを皇大神の加護を得る霊夢とした。そして治承八年、摂津国一の谷における一の谷合戦に向かう時に、弓矢の神として松尾社に刀剣を奉納し、詩歌を捧げて戦勝祈願をした。その時にこのような歌を詠んだ。

摂州一の谷に向かわれし時、平家追討の祈禱として
その家臣即して参向せしめ、横刀一振、詠歌一首神
殿に納めらる。

治まれと　代をゝし思ふ心より
ふかくもたのむ神の誓を

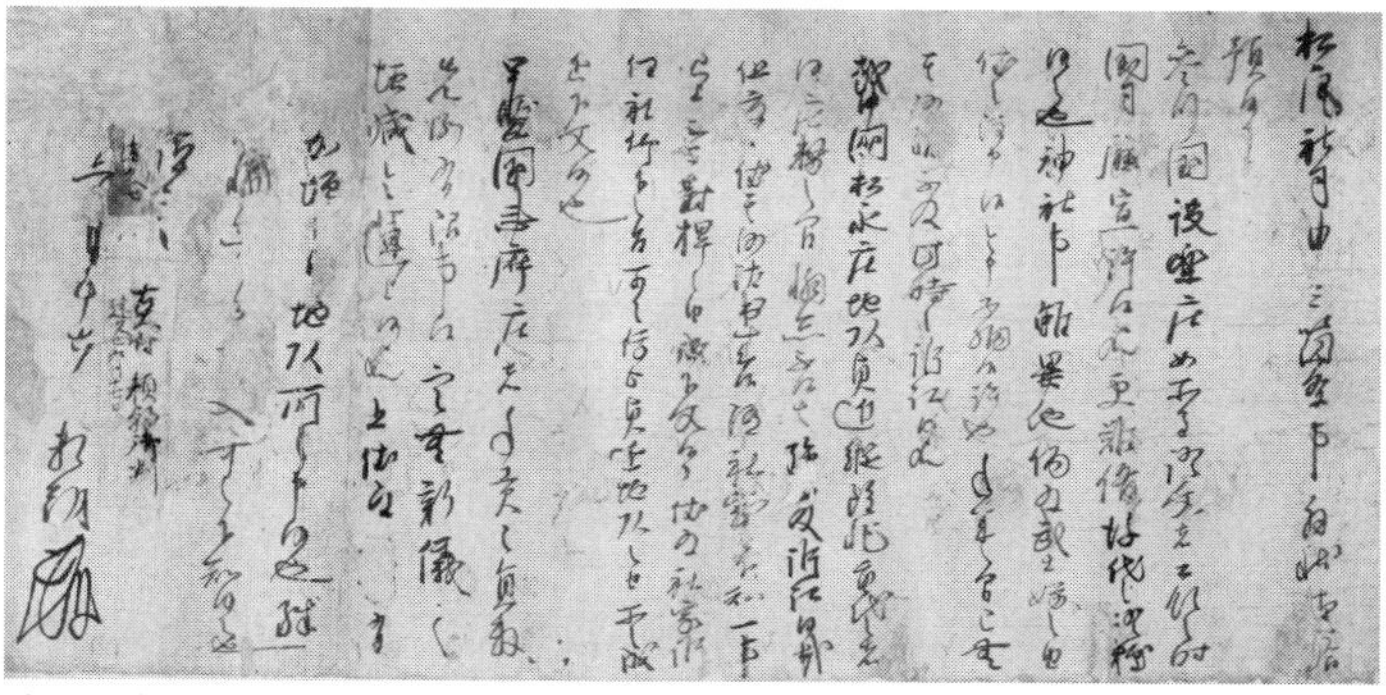

建久七年六月十七日付「源頼朝下知状」（『松尾大社文書』より）

翌治承九年、勝利した頼朝は、松尾社に奉幣使を遣わし願文を奉納、黄金百両と神馬十頭を奉献した。頼朝は松尾社の御社領の安堵に尽力している（建久七年六月十七日付「源頼朝下知状」）。

室町幕府と松尾社

鎌倉幕府を打倒した後醍醐《ごだいご》天皇が、元弘三年（一三三三）、建武の新政を開始する。天皇は足利高氏・直義兄弟の戦功を高く評価し高位につけ、高氏は「尊氏」の名を賜った。しかし、尊氏は後醍醐天皇から離反して対立し、建武の乱が勃発。新政は二年半で崩壊した。後醍醐天皇は吉野へ逃れ南朝を樹立。尊氏は光厳《こうごん》天皇の弟光明《こうみょう》天皇を即位させて北朝が成立。後醍醐天皇は尊氏追討の綸旨《りんじ》を出し、南北朝時代を迎える。松尾社には尊氏に反乱する兇徒退治の祈禱を行った内容の下知状が遺されている。

紀州兇徒退治事所被下院宣也早於当社転読大般若経十部可祈禱精誠之由可被相触社僧等之状如件

貞和四年八月一　　左兵衛督（足利直義）　花押

松尾神主殿

紀州における楠木氏に味方する南朝方との戦に苦戦し、直義が戦勝のために大般若経転読を依頼したものと思われる。また、尊氏とその子義詮《よしあきら》の印がある下知状も伝えられている。

天下静謐祈禱事近日殊可致精誠之状如件

文和四年二月十二日　　尊氏印

松尾神主殿

（同文書）

文和四年三月二日　　義詮印

足利尊氏・義詮父子は京の都が穏やかで平和になるように祈禱を依頼しているように読める。左兵衛督（足利直義）の花押のある下知状が多数あり、南朝方の敗退を祈願しているようである。

室町幕府創世期においては足利尊氏・直義兄弟の「二頭政治」で、観応期（一三五〇～五二）、兄弟が対立して全国を巻き込んだ観応《かんのう》の擾乱《じょうらん》が起こる。尊氏・義詮父子は近江に出馬し、直義と戦う。観応二年九月十一日、尊氏は近江国の醍醐寺《だいごじ》（長浜市）の陣営で夢を見て、近習ら十一人と「神祇」を題に和歌を詠む。陣中歌会は最も心許せる出詠者が集まり、主君に忠義を誓い結束を固めるものである。武門に交じり、秦氏と近しい施薬院使和気致成《わけのむねなり》もいた。尊氏が詠んだ歌の瑞作に松尾社とあるのは、松尾神に関わる霊夢をみたと思われる。

江州醍醐寺において霊夢のあることにより法楽のため披露す
観応二年九月十一日
秋日陪松尾社壇曰詠神祇和歌
おさまれとわたくしもなくいのるわが心を神もさそまもるらん

直義は観応三年に毒殺され、乱は終息した。尊氏は帰京後、歌が書かれた懐紙を繋ぎ一巻とし、十月十八日に松尾社へ奉納した。これらの史料から尊氏が松尾社を深く崇敬していたことがうかがえる。『東寺百合文書』にある観応三年九月十一日付「足利義詮裁許状案」には、義詮が松尾社の訴えに応えて御社領西七条の田畑を安堵したとある。

三代将軍義満《よしみつ》の時代に、相国寺《しょうこくじ》が創建されることとなり、諸国一円に資金が求められた。この時に松尾社は神主秦相季の懇願により免除されている。また次のような義満による祈禱を命じる内容の下知状も残されている。

拝賀無為無風雨之難可致祈禱精誠之状如件

康暦元年七月十七日　　　花押（義満）

御師

松尾社前神主殿

松尾社は将軍家から疫病消滅などの様々な祈禱を命ぜられ、両者の関係は親密になっていた。次の書状をはじめ、八代将軍義政は松尾社御師の祈禱に対して、たびたび神馬を奉献している。花押がある伊勢守とは、室町幕府政所《まんどころ》執事《しつじ》の伊勢貞親《いせさだちか》である。義政を幼少の頃から養育し、右腕となって幕政をささえ、嫡男に「伊勢貞親教訓」を遺し、大名教育学の祖といわれる。

松尾社御神馬一疋佐目《さめ》可引進之由被仰出也仍執達如件

亨徳四年六月二十六日　　　花押（伊勢守）

松尾社御師

拝賀無為無風雨之難可致祈禱精誠之状如件
文明十八年七月十七日　花押（義政）
松尾社御師

佐目《さめ》とは白馬のことで、義政はそれを引出物として松尾社に奉献している。また拝賀のときに風雨の難がなきよう祈禱を命じている。

為松尾御神馬一疋月毛《つきげ》可引進之由所被仰出也仍執達如件
康正三年正月二十六日　花押（伊勢守）
松尾社御師

月毛《つきげ》とは、少し赤系の茶色である。長禄三年（一四五九）正月九日、応仁元年（一四六七）六月十七日、永正十年（一五一三）十一月九日付の馬を寄進したことがわかる書状が遺されている。十代将軍足利義稙《よしたね》も神馬を献上している。

また、松尾社の近隣にある長岡（乙訓郡）を領したのが長岡藤孝《ながおかふじたか》（細川幽斎《ほそかわゆうさい》）だった。松尾社から藤孝に貢物を贈ったり、細川氏が神主を茶に招いたりと両者が親しい関係だったことが書状から読みとれる。

以来ハ御物遠に打過候此頃上京寸暇候ニ付明夕御茶進度於来舎者祝着候也

長岡兵部大輔

藤孝　花押

霜月二十一日

松尾宮内大輔殿

参る

足利将軍家、室町幕府、藤孝との関係が、室町期における松尾社の繁栄を支えた。

御社殿の焼失と再建

現在の松尾大社の御本殿は、室町初期の応永（一三九四〜一四二八）初年の造営で、天文十一年（一五四二）に大修理を施したものである。『一代要記《いちだいようき》』弘安八年（一二八五）三月十八日に、御本殿のみならず末社まで火災となったとある。この記事はさまざまな皇代記にもあり、相当な大火災だったようである。弘安十年に仮遷宮が行われた。

応安三年（一三七〇）、将軍義満は、松尾社神主からの申請をうけ、山城国と葛野郡一群に棟《むね》別銭《べっせん》（家屋一棟ごとに課せられた租税）と段銭《たんせん》（国家的行事や大社寺の造営などにおいて地域を限定した臨時課税）の納入を命じ、その資金で御社殿が造営された。

西岡被官衆と室町幕府

西岡《にしのおか》と呼ばれた地域は葛野郡と乙訓郡の一部で、西岡の地名の由来は西山丘陵の古名に因んでいる。上六ヶ郷に属する徳大寺《とくだいじ》、上桂《かみかつら》、下桂、川島、下津林《しもつばやし》、寺戸、下五ヶ郷に属する牛ヶ《うしが》瀬《せ》、上久世《くぜ》、下久世、大薮《おおやぶ》、築山《つきやま》の上下十一ヶ郷からなり西岡十一ヶ郷といった。西岡の中心部は、古代に秦氏が葛野大堰を築造して引いた灌漑用水を利用し、広大な農地が開かれた。西岡はその恩恵により豊かな地域となり、農業や水上交通、交易などで財をなした小領主は直接農民層を支配し「国衆《くにしゅう》」と呼ばれた。用水の管理のために十一ヶ郷は合議制の地域連合体を組織し、権力者に支配されない全国有数の自治郷が発達した。西岡には、第二章で掲載した『東寺百合文書』桂川用水水差図案（57頁参照）にある地域も含まれ、現在は一部が松尾祭を担う氏子地域となっている。

西岡は山陰道や淀川水系の交通の要衝で西国からの都の入口でもあり、警護を必要とするために軍事拠点となった。足利尊氏は、いち早く西岡に目をつけて直轄地とし、地元の土豪を集めて室町幕府直属の軍事力として編成した。それが西岡被官衆《ひかんしゅう》（西岡衆）である。『雍州府志』には「西郊三十六人衆は公方《くぼう》諸代の士なり」とある。西岡衆は三十六人衆とも呼ばれ、その中核が物集女《もずめ》氏、神足《こうたり》氏、中小路氏、革嶋《かわしま》氏、小野氏、竹田氏、野田氏らといわれる。彼らは領地に居城を構え団結すると戦国武将も恐れる勢力だった。南北朝から戦国時代における権力者は、農民を直接支配する国人領主（国衆）を守護大名に被官させて軍事力とする「国人領主制」をとっていた。西岡衆を直接組織化していたのは山城国守護をつとめた畠山《はたけやま》氏、伊勢氏だった。

しかし、西岡被官衆に暗雲をもたらしたのが、応仁元年（一四六七）から文明九年（一四七七）まで継続した応仁・文明の乱である。野田康忠《のだやすただ》を筆頭とする多くの西岡衆は東軍の細川方となり、乙訓《おとくに》から上洛する西軍と戦っていたが、西岡の地が標的となり戦場と化した。西岡の戦い（文明元年）である。西岡衆は松尾谷《たに》の堂《どう》（最福寺）に布陣し交戦したが、西軍の畠山義就《はたけやまよしなり》により陥落され、丹波に逃亡した。西岡の拠点勝龍寺城《しょうりゅうじじょう》は義就の支配下になった。応仁・文明の乱により闕所《けっしょ》（所有者不在）となっていた地が細川政元《まさもと》の所領となり、被官の命が下ったのに対して西岡衆は反旗をひるがえす。向日《むこう》神社を議場に集結し、被官拒否と守護不入を話し合った。そして年寄衆が先導し、長享元年（一四八七）に乙訓惣国一揆が勃発し、守護勢力を排除し、国衆による自治を求めた。やがて折り合いがつき、西岡衆の結束は戦国末期まで保たれ、政治にも影響を与えるようになった。

永禄十一年（一五六八）、足利義昭《よしあき》を奉じて信長が入洛し、勝龍寺城と西岡に割拠していた三《み》好《よし》三人衆の一人、岩成友通《いわなりともみち》を壊滅させ、長岡藤孝が入城して新たな城主となった。西岡衆は藤孝につく者、反抗して処刑される者などに分かれた。藤孝が丹後に移ったとき移住した者もいた。西岡に残った者は武士をやめて帰農し、村の有力者として家門を継続させた。西岡被官衆は戦国の世に離散したと考えられている。松尾社には、「西岡諸侍中」（西岡衆）との間の書状が多々遺されている。松尾社と室町幕府、藤孝とのつながりの背景には、西岡被官衆という中世最大の軍事力があったという説もある。

戦国から江戸時代の松尾社

足利義昭を奉じて入京した織田信長は、禁裏の復興などを行った。その直前に、松尾社境内に狼藉ある行為を罰する命を下す次のような史料が遺されている。

禁制
山城国松尾社境内谷山田
一、軍勢甲乙人等乱入狼藉事
一、剪採山林竹木事付放火事
一、相懸矢銭兵糧料事付陣取事
右条々堅被停止訖若有違犯之輩者速可被処厳科之由所被仰下也仍下知如件
永禄十一年九月二十九日
前信濃守 神宿禰《みわのすくね》　花押
散位平朝臣（織田信長）　花押

信長はことごとく社寺を破却したが、織田家の家紋が牛頭天王《ごずてんのう》の御神紋、木瓜紋《もっこうもん》だったので、御祭神を牛頭天王にして難を逃れた社が多かったといわれる。松尾社の御祭神大山咋神は、牛頭天王（素戔嗚命）の孫神であるので、信長も手厚く庇護したのかもしれない。永禄十一年、御社領は足利義政近臣上野秀政に預けられるが、五年後には返還されている。『松尾大社史料集』には、花押がある前信濃守神宿禰とは信長の部下で社寺に関する業務を掌握していた人物とあるが、室町幕府奉行人で天文五年（一五三六）に前信濃守だった諏訪晴長《すわはるなが》と考えられる。信長は松尾社境内において軍勢の乱入、山林の伐採、放火、陣を取ることを厳しく禁じている。天正十年（一五八二）六月二日、信長は本能寺で横死する。信長の三男信孝《のぶたか》が松尾社と摂社月読社の御社領を安堵した。信長のあとを継いだ豊臣秀吉は、天正十三年十一月二十一日付の書状（『松尾大社文書』）にて、西七条御旅所に百四十五石の御社領を安堵し、天正十七年十二月朔日の書状（同）にて社家に対して境内の地代を免除した。

秀吉は、神馬を奉納するなど松尾社を崇敬していた。天正二十年（文禄元年）、文禄《ぶんろく》の役《えき》において、松尾社神主から秀吉に貢物として帷子《かたびら》が贈られた。それに対して、施薬院全宗《せやくいんぜんそう》を使いとした秀吉の朱印がある挨拶状が遺されている。

為名護屋見廻帷子三遠路到来悦思食候尚施薬院可申候也

七月十三日　　　朱印　秀吉

松尾中

徳川家康は、引間城《ひくまじょう》拡張工事の際に城の鎮守社松尾神社を、古社浜松神社と合祀し松尾神社と改め、浜松城主の祈願所としている。元和元年（一六一五）七月二十七日付の書状（『松尾大社文書』）で、松尾社に谷山田の内九百三十三石、西七条御旅所に百四十石五斗を寄進し、境内の諸税を免除した。松尾社の御社領は安堵され、将軍が変わると社家が江戸まで出向いて朱印状が改められた。『松尾大社文書』には、家康、秀忠、家光、家綱、綱吉、吉宗、家重、家治、家斉、家慶、家定、家茂の朱印状が遺されている。

江戸期には、御社領千七十八石を有し、また嵐山一帯の山林一千余町歩を持っており、奉仕する御神職は三十三名、神宮寺の社僧は十余名、筆頭の神主秦氏は累代三位に昇せられ、また幕末には、勅使を派遣される勅祭社に擬せられたこともあった。

江戸期の地誌に描かれた松尾社

江戸期の京都は観光都市であり、「京都観光ガイドブック」として地誌《ガイドブック》が多数刊行されている。その中で、松尾社がどのように描かれているか見てみよう。

最も古いのが『京童《きょうわらわ》』（明暦四年・一六五八）で、俳諧師、医師だった中川《なかがわ》喜雲《きうん》の著である。

松尾

当社は二座なり。大宝元年に秦の都理はじめてこんりうなり。そさのおのみことの御子大己貴と申。又は賀茂川のながれしかの丹塗の矢と申。是松尾大明神也。さればまつりにあふひかかるなり。当社のまつりは四月上の申なり。貞観年中にはじまる。一条院寛弘元年十月十四日にはじめて行幸ありしなり。その時、

ちはやぶる松の尾山のかげみればけふぞとちせのはしめ成ける　源兼澄

四月八日松尾祭使にたちて侍けるに。内侍は誰ぞと上卿のたづね侍ける。おりしもほととぎすのなきければ、

時鳥しめのあたりになく声をきくわれさへに名のりせよとや　後深草院少将内侍《ごふかくさいんしょうしょうないし》

後深草院少将内侍は鎌倉初期の女流歌人で、女房三十六歌仙の一人である。

最もポピュラーな地誌が『都名所図会《みやこめいしょずえ》』である。観光客の増加に伴い、安永九年（一七八〇）に初版が刊行された。俳諧師秋里籬島《あきざとりとう》が名所の地名や社寺などを紹介する文章を書き、絵師竹《たけ》原春朝斎《はらしゅんちょうさい》が挿絵を描いた。

『京童』の挿絵。松尾社楼門を通り過ぎる武者が描かれている

ここには「松尾社」「松尾祭礼」「松尾明神御旅所」が掲載されている。「松尾社」絵図右上には順徳院の歌が入っている。「松尾祭礼」は神幸祭の船渡御風景が描かれている。

「西寺旧跡」の説明文には「今、松尾例祭の神輿神供所」とある。江戸中期頃には、すでに西寺跡で還幸祭祭典が行われていたようである。

明治時代以降の松尾社

幕末、尊王攘夷の気運が高まる文久三年（一八六三）、孝明《こうめい》天皇は、松尾社に外夷退散、国家安泰を祈願するよう命じた。慶応二年（一八六六）、とだえていた松尾祭（勅祭、勅使参向祭）が再興された。その翌年の慶応三年に大政奉還が行われ、新たな世が始まった。

明治に入り、宗教政策が大きく変貌した。明治元年（一八六八）、明治政府は、神道を国教にする方針のもと改めて神祇官を設置し、全国の神社、神主は新政府に管理されるようになった。つまり世襲神主が廃止され、千年以上の長きにわたり社家を継承してきた秦氏が神祇から離れたのである。

松尾社と摂社櫟谷宗像神社の社家は、『秦氏本系帳』にある秦都駕布《つがふ》を初代「祝《はふり》」とし、東家、南家、東家分家が秦姓を受け継ぎ継承してきた（『松尾大社文書』）。東・南家の称号は、東家の所領が伯耆国東郷庄、南家の所領が丹波国雀部南庄とすることに起因する説や、社家邸宅が松尾社の東と南に位置していたなど諸説ある。天文十年（一五四一）四月一日に神主に就任した従三位秦相光の嫡男、正三位相房（神主）が東家を継ぎ、天正三年十二月九日、神主に就任、次男相頼（正禰宜）が新たに南家となり分家している（『松尾大社文書』）。『松尾神社記』に西家もあったと伝える。摂社月読社の社家は、古くは壱岐氏だったが秦姓に改めた松室氏が世襲していた。

神主は、天皇の綸旨をもって神祇官長官白川伯家《しらかわはく》より任命されていた。白川伯家は、神主をはじめとする御神職の補任、叙位や神事まで指導を行い、御社領の運営にまで関わっていた。

明治のはじめに神仏分離令が発布され、松尾社でも神宮寺が消滅した。文明化への国民の精神生活を再編する施策として、陰陽道、修験道の廃止令も出された。これにより全国に廃仏毀釈がおこり、仏教界は大打撃をうけた。

明治四年五月十四日、官幣《かんぺい》大社に列せられて官幣大社松尾神社となり、新たな出発をした。明治十年、明治天皇皇后（昭憲《しょうけん》皇太后・一条美子《はるこ》）が松尾社を行啓された。大正十一年（一九二二）には、大正天皇皇后（貞明《ていめい》皇后・九条節子《さだこ》）が行啓され、終戦直後には梨本宮妃殿下が参拝されている。

皇室では代々、天皇陛下が稲作、皇后陛下が養蚕をなさる風習が受け継がれてきたが、養蚕は中断していた。しかし明治期に、「皇后御親蚕《ごしんさん》」として復興した。明治・大正皇后が続けて、養蚕を伝えた秦氏の松尾大社へ参詣されたことは感慨深い。

現在は神社本庁の別表《べっぴょう》神社である。戦後ＧＨＱの神道指令で神社の国家管理が廃止され、公的な社格制度もなくなり、官幣大社の称号は用いないことになった。同名の「松尾神社」との混同を避けるために、昭和二十五年（一九五〇）に松尾大社に改称して現在に至っている。

松尾の由来について

松は古来より神様の依代《よりしろ》（神木）として縁起が良いものである。松は自然繁殖力、乾燥や寒冷に強く樹木の中で最も生命力がある。学名「Piuns（パイナス）」の語源は、ケルト語「pin（山）」ともいわれ、花言葉は「不老長寿」。

能舞台の「鏡板《かがみいた》」に描かれている巨大な老松は、神様が降臨し翁を舞った春日大社「影向の松」が起源という。「橋掛《はしが》かり」にも松がある。神仏への奉納から始まった能楽は、舞台の松に降臨した神様と演者が一体となる芸術で、松は能舞台に欠かせない舞台装置である。

日本に最も多く分布するのがアカマツ。マツタケが生える林である。明るい場所を好む陽樹で、日当たりのよい尾根筋に植えられることが多い。マツクイムシ被害で植生が変化する前の京都三山は、松尾山も含めてアカマツ林だったと推測されている。松尾は「神木である松が生える山裾が延びた地（尾）」で、「神様が降臨する神聖なる地」という意味がある。

松尾大社は、一般的に「まつおたいしゃ」、「まつおさん」と呼ばれるが、古来の「まつのおたいしゃ」というのが、正式名称である。『枕草子』「神は松の尾」、『太平記』「松ノ尾」、『都名所図会』には「まつのをやしろ」と表記されている。

第四章

まつり　松尾大社と山背国の信仰空間

現在の松尾大社の年中行事

松尾大社では以下のような祭典、行事が行われている。

〈一月〉

■一日　歳旦祭《さいたんさい》　新年年頭に国家安泰と、皇室の弥栄、一年の無事を祈願する。

■二日　書初め奉納

■三日　元始祭《げんしさい》　国の隆盛を祈願する。

■十五日　干支祝寿祭《えとしゅくじゅさい》　十二支の当たり年の方々の健康福寿を祈禱する。

月次祭《つきなみさい》・古神札焼納祭《こしんさつしょうのうさい》　月次祭の後、古札のお焚き上げを行う。

〈二月〉

■三日　節分祭　鳴弦破魔弓《めいげんはまゆみ》神事、四方奉射《しほうほうしゃ》神事、福豆撒きが行われる。石見神楽《いわみかぐら》奉納もある。

■十一日　紀元祭《きげんさい》　神武《じんむ》天皇即位を建国記念日として奉祝する。

■十七日　祈年祭《きねんさい(としごいのまつり)》　五穀豊穣を祈願する。
■二十三日　天長祭《てんちょうさい》　天皇陛下の誕生日に健康長寿と皇室の弥栄を祈願する。
〈三月〉
■三日の前の土曜日ないし日曜日　ひなまつり　女の子の成長の無事を祈願する。松風苑《しょうふうえん》の曲水《きょくすい》の庭にて雅楽の調べとともに流し雛の行事が行われる。
〈四月〉
■二日　例祭
■四月中酉日　中酉祭《ちゅうゆうさい》（醸造感謝祭）　醸造完了の「酉《とり》の日」に感謝を捧げる。
■四月二十日以降の第一日曜日　松尾祭　神幸祭（おいで）（146頁参照）
■二十九日　昭和祭・護持講講社祭　昭和天皇の誕生を奉祝。氏子講社祭。
■四月十日〜五月五日　山吹まつり　境内、参道の約三千株の山吹が見頃。フリーマーケット、落語会、甘酒授与などが行われる。
〈五月〉
■五日　こいのぼり・こどもまつり　子供の無事成長祈願。
■神幸祭より三週間目の日曜日　松尾祭　還幸祭（おかえり）（151頁参照）

〈六月〉

■初旬　御田植式《おたうえしき》　神饌田にて神事、田植えが行われる。

■三十日　大祓式《おおはらえしき》（夏越祓《なごしのはらえ》）・茅《ち》の輪《わ》神事　境内の茅の輪をくぐり、半年間の罪穢《つみけがれ》を祓う。神事の後、一之井《いちのい》川で人形《ひとがた》流しがある。

〈七月〉

■七日　七夕まつり　願いを短冊に書き御神前の大笹につける。「七夕特別祈願・七夕ゆめ灯籠」の受付があり、午後八時頃より、一之井川にて「ゆめ燈籠」の燈籠流しを行う。

■第三日曜日　御田祭《おんださい》　五穀豊穣を祈願する。京都市無形民俗文化財。六百年以上の歴史を誇る神事で、古式にしたがい氏子から選ばれた三人の植女《うえめ》（童女）が神職から早苗を受け、壮夫の肩に乗って拝殿を三周し、神饌田へ向かい虫除神事がある。

〈九月〉

■第一日曜日　八朔祭《はっさくさい》　「田実《たのみ》の節句」に由来して五穀豊穣を祈る。前夜に境内二千の八朔提灯が点灯、盆踊がある。当日は六斎念仏、八朔相撲（鎌倉時代から続く）、上桂御霊太鼓など奉納。やまぶき会の女神輿が本社から櫟谷宗像神社へ巡幸し渡月橋上流で船渡しする。

■二十三日　慰霊祭　歴代社家・神職、功績ある氏子崇敬者を慰霊。

■仲秋の名月　観月祭《かんげつさい》　仲秋の名月を愛でる祭典。祭典の後、琴・尺八・和太鼓などの演奏奉納、俳句大会、月見饅頭と樽酒のふるまいがある。

〈十月〉

■中旬　抜穂祭《ぬいぼさい》　神饌田で実った穂を御神前に奉献し、感謝を捧げる。

■十七日　神嘗祭《かんなめさい》奉祝祭　伊勢の神宮で新米の稲穂を天照大神にお供えをする祭に併せて、収穫を感謝する。

■十月十日〜十一月三十日　七五三詣り　男子三歳と五歳、女子三歳と七歳に詣で、御神前にて健全な発育、成長を願う。

〈十一月〉

■十一月の上卯日　上卯祭《じょううさい》（醸造祈願祭）　醸造始めの「卯《う》の日」に安全祈願をする。大木札《だいもくさつ》を受けて持ち帰り、蔵に奉斎する。大蔵流茂山社中により「福の神」が奉納される。

■二十三日　新嘗祭《にいなめさい》　新米の稲穂を天神地祇にお供えし、収穫を感謝する。

〈十二月〉

■十五日　境内末社例祭

■三十一日　大祓式・除夜祭

その他、毎月一日（一月以外）と十五日に月次祭を執行している。毎月一回のフリーマーケット「亀の市」（松尾大社氏子青年会主催）が開催されている。

『松尾社年中神事次第』から見る六百年前の年中行事

朝廷と松尾社の年中行事は、共に平安時代中頃に定まったという。それを伝える最も古い資料が、南北朝時代の永和二年（一三七六）十二月二十日付の『松尾社年中神事次第』（『松尾大社文書』）である。江戸初期に描かれた『松尾社三箇大神図』（万治二年・一六五九）には白馬《あおうま》、御田代《みたしろ》、猪狩《いかり》の三神事が描かれ、松尾祭に続く重要神事だったことがわかる。

かつてどんな神事が行われたのか、その中で現代に伝えられている祭儀を、永和二年の古記にみてみよう。

一、大晦日内陣

一、正月朔日《ついたち》内陣　大饗《おおみあえ》神事

元日の朝に天下泰平、国土安全、五穀豊穣、玉体安穏など皇室と民の繁栄を祈願する大饗神事（現在の歳旦祭）が行われた。その準備として大晦日、正月朔日（一日）内陣にて御酒、供物が奉献される神事があった。大晦日には月読殿《つきよみ》（摂社月読社）より「太子の御料」と呼ばれる御神饌が奉献された。社家は御本殿を拝し、衣手社《ころもで》、十禅子《じゅうぜんじ》（師）社、三宮社《さんのみや》、四大神社《しのおおかみのやしろ》に拝礼し、櫟谷殿《いちたに》（摂社櫟谷社）を遥拝した。神楽舞が奏され、御神前御拝柱には御覧餅という鏡餅二重を割竹に挟み左右に掛け、華片餅千三百枚を左右の階段に供えた。

一、正月二日大床（御本殿の縁）

一、正月三日御床（神座）

二日は本社神事の後、月読社へ参った。三日は本社神事（現在の元始祭）の後、嵐山渡月橋南詰の櫟谷宗像《むなかた》神社で神事が行われた。御本殿より騎馬で嵐山までの右岸（山田前の河原）を歩み、櫟谷社前で下馬。御神前で神事が行われ、天下泰平、国土安全、五穀豊穣、玉体安穏などが祈願された。かつて、櫟谷宗像神社の裏山を上り、現在の京都一周トレイル西山コースから大杉《おおすぎ》谷磐座《だにいわくら》に至って参拝する、大上《おおのぼり》（大登）神事（磐座登拝神事）があったという。同日に櫟谷宗像神社では、子《ね》の日《ひ》神事という松の株をわける神事が行われていた。その由来は、宮中で行われた「小松引き」「子の日遊び」といわれるもので、正月子の日に野に出て小松を採り、千代を祝っ

『松尾社三箇大神図』より白馬神事

て歌宴をはる野遊びである。これが神事となり松を御神前に奉納するようになったという。これらの神事は明治四年（一八七二）以降はとだえたが、現在は三日に櫟谷宗像神社例祭が行われている。磐座登拝神事など特別な神事が行われた櫟谷宗像神社は、重要な摂社だったことを伝えている。

一、正月四日吉書節

書初めが行われ御神前に奉納した行事。

一、正月七日大床

宮中の年中行事である白馬節会《あおうませちえ》に由来する白馬神事が行われた。年初に白馬を見ると年中の邪気を祓われるという中国の故事に因んでいる。白馬を御前に引き、庭で祝言奏上。奉幣の後、白馬は櫟谷社へ向かった。櫟谷社禰宜《ねぎ》が神馬を先導し、境内、御神前へと引き進め神事が行われた。『松尾社三箇大神図』には、十家の社家から一頭ずつ献上された十頭が描かれている。

一、正月十五日内陣

一月十五日の小正月に、小豆粥《あずきがゆ》を食べて祝い邪気を祓う風習がある。『延喜式《えんぎしき》』には、宮中では小正月に米、小豆、粟、胡麻、稗《ひえ》、黍《きび》、葟子《むつおれぐさ》が入った七種粥《ななくさがゆ》が食されていたとある。この風習にならい「赤小豆粥《あずきがゆ》」が献進された。御神前に奉献された小豆粥を「富久米《ふくまい》」といい、御粥麻笥一双《おけいっそう》（桶に一対）を御所に献上していた。正月の御神饌について、以下のような記述がある。

一、正月一日本社御紙立事《こうだて》

御紙立（紙筒）に餅や木菓子を入れた御神饌を供える。

一、百合餅各支配事　本社分

本社、月読社、櫟谷社禰宜らが紙立に餅を入れ供える。

一、正月六日社頭若菜事

御若菜壱荷、餢飳《ぶと》、糫餅《まがりもち》（御神饌唐菓子）壱包を御所に献上。

一、正月二日月読社紙立事

月読社にて紙立の御神饌奏上。

一、猪狩《いかり》神事

正月七日以降の亥の日に、害獣（鹿や猪）退散と五穀豊穣を祈願する猪狩神事が行われた。松

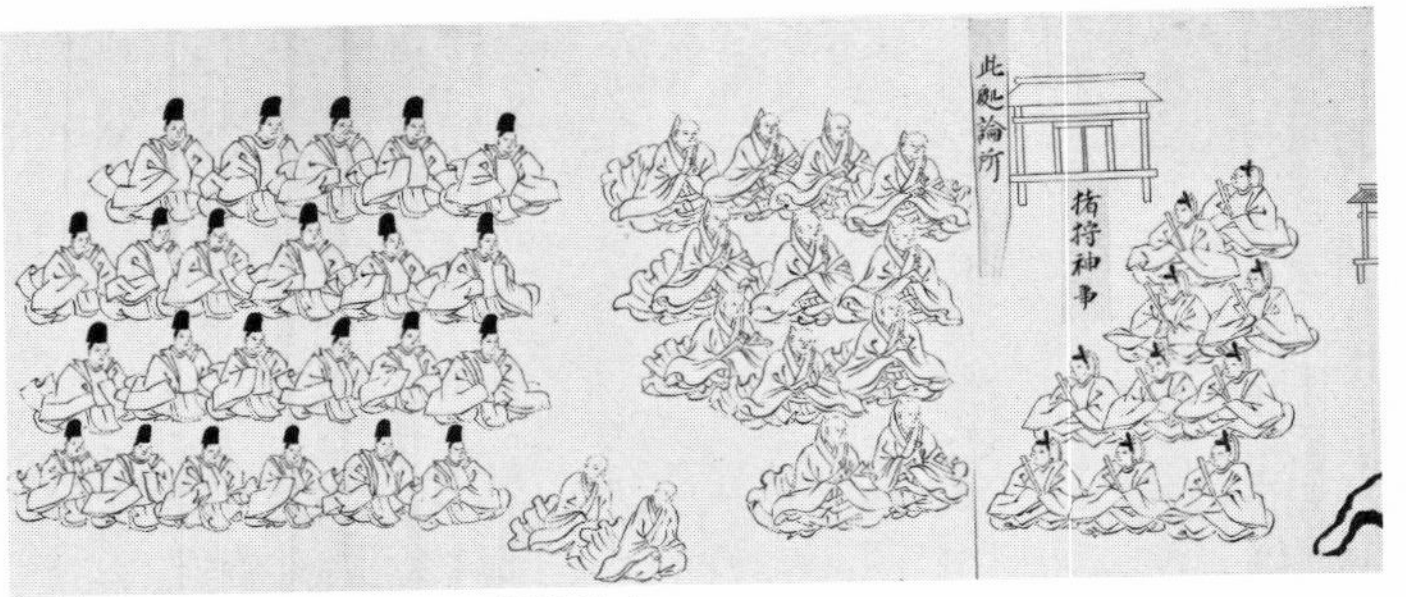

『松尾社三箇大神図』より猪狩神事

室村境外末社山神社（御祭神　大山津見神《おおやまつみのかみ》）で行われたが、明治十五年を最後にとだえた。山神社は明治三十九年に月読神社に合祀された。『松尾社三箇大神図』には社僧の姿が描かれており、神仏習合の行事だったことがわかる。

一、御結地《ごけっち》梡飯事（正月十六日定御神事也）

正月十六日には、道祖社（旧松室村境外末社結地才社《けっちさいしゃ》）、旧谷村の御的場にて舞射、奉射神事が行われていた。明治三十八年以降は行われていない。

一、皇千度《おおやけせんど》

正月大晦日に社司、神人、供僧が全員千度詣を行っていた。本社をはじめ境外摂社である櫟谷社、月読社、境外末社である結地才社、東杵宮社で行われたが、明治二十年以降は行われていない。

一、神宮寺修正《しゅしょう》事　正月八日から十日まで

一、光明寺修正事　正月十一日から十三日まで修正事は、修正会と呼ばれる仏事である。社務正官が御供物を持ち連座した。

一、正月晦日御経会《おきょうえ》事

月読社、櫟谷社禰宜ら出仕する神仏習合の行事。

一、二月一日御石塔《みしゃくとう》神事

桂川の氾濫の難を免れることを祈願して（治水祈願）、二月一日と十月一日に行われた。西芳寺川から桂川へ水が流れこむ石塔口で行われた。現在はとだえている。

一、二月初酉日祈念《きねん》神事

月読社禰宜が奉仕し本社大床の神事の後、月読社へ詣でる。

一、二月十五日踏歌《とうか》御菓子

宮中では、旧暦二月四日に五穀豊穣を祈願する祈念祭が行われた。十一月の新嘗祭《にいなめさい》と対になり、二月は小祭、十一月は大祭とされた。現在、松尾大社では二月十七日に祈念祭がある。宮中では正月に踏歌節会という、天皇が踏歌をご覧になる行事があった。中国の民間行事が宮中節会となった。男踏歌と女踏歌が二日間に分けて行われた。

一、三月三日御神事（外陣他）

御供、祝言。月読社御供。若王子、月読社へ参る。

一、三月二番卯《う》日御輿迎御神事

松尾祭は『延喜式』に掲載される最も重要な神事で、その神幸祭にあたり、三月二番目の卯の日に行われた。神輿に神霊をお遷しする神事から始まり、社司は神輿を一之鳥居まで見送った。

一、四月（初酉《とり》）祭礼御神事　初酉定也

一、申《さる》日御戸開

一、酉日

松尾祭の還幸祭で初酉の日に行われていた。申日に扉を開け冬から夏服に替えて葵桂御座に北の方へ参らせ、酉日に還幸する神輿を待つ。神輿を拝殿東向きに並べて、獅子面舞、祝言が奏上された。松尾祭については後述する（143頁参照）。

一、氏神の神事

祭が行われる卯の日より七日後に行われた。

一、五月菖蒲神事

五月五日は端午神事が行われた。宮中の端午《たんご》節会に習い、邪気を祓う神事として御本殿外陣で行われ、御神前に菖蒲や蓬が献上された。神事の後、菖蒲や蓬は本社、末社の軒先に挿された。明治五年以降は行われていない。

一、胡瓜御料

胡瓜を御飯の上に置いて奉献する神事。

一、六月御田代御神事

御田代御神事は、『松尾社三箇大神図』にそのままの名称で描かれている。現在の御田祭で、七月第三日曜日に執行されている。稲や農作物の五穀豊穣を祈願する神事で、『松尾社年中神事次第』にはこのようにある。「下津林《しもつばやし》・上山田（嵐山）・惣市（松尾）から一人ずつ植女《うえめ》（童女）が奉仕し、紗《しゃ》を張った打掛《かいばり》を着て金銀で装飾された花笠を被り、縮緬の襷《たすき》を掛け、額には葵の形を白粉でつけ、髪は花櫛《はなぐし》をさし元結《もとゆい》を水引で結んでいた。三人の植女は壮夫《そうふ》、腰元《こしもと》二人を従え御本殿祭祀に参列し、御神職から早苗を受け取り斎庭に出て、壮夫の肩に乗り素袍《すおう》二人、鍬《すき》持ち二人その他を従え、拝殿を三周し、持っていた苗を撒く。人々は競ってそれを取って持ち帰り田の虫除けにした。」現在も古式にのっとり行

『松尾社三箇大神図』より御田代神事

現在行われている御田祭

われており、山城地方で最も古い形の田植神事として京都市無形民俗文化財になっている。

一、七月七日神事（外陣）

神宝などの虫はらいの神事。

一、七月春上《つきあげ》神事（大床也）

春上神事は、御神前に新米の稲穂をお供えして収穫に感謝する。宮中祭祀では、九月十七日の神嘗祭《かんなめさい》（天照大神に奉納）、十一月二十三日の新嘗祭（天神地祇に奉納）があり、天皇即位後初めての新嘗祭を大嘗祭《だいじょうさい》という。現在、松尾大社では、この神事を新嘗祭として十一月二十三日に執行、十月十七日には神嘗祭奉祝祭を行っている。

一、七月十四日僧膳事

月読社の禰宜・祝が出仕し、社僧らが仏事を行う。

一、八月朔日神事

八朔《はっさく》は八月一日のことで、この頃に早稲が実る。農村では初穂を宮中に献じ、主家、恩人に贈る「八朔の祝」として稲の生育を願う豊作予祝行事としていた。それが「田《た》の実《み》の節句」として宮中や武家にも広まり、恩人に感謝のしるしに贈り物をするようになった。宮中では八月朔日に杉原紙や蠟燭を献じて祝う贈答の儀式があった。台風の被害が起こる時期でもあり、農村行事として重要なものだった。

一、九月朔日神事（外陣）

千度詣（祓）をした。社僧、社務ら神仏習合の神事。

一、九月九日会神事（外陣）

重陽《ちょうよう》神事が行われた。この神事は、九月九日に宮中で行われた長寿を祈願する重陽の節会に由来する。酒に菊を入れた「菊酒」を飲み長寿を祝う儀式である。松尾大社では明治七年以降、行われていない。法輪寺（59頁参照）では現在も重陽の節会として盛大に行われている。

一、神輿宿院へ御出之時の次第

神人、社僧、楽人、八乙女が神輿に随行し宿院へ巡幸。

一、九月六節神事（大床也）

神不在の社での神事

一、十月朔日御石塔神事

一、十月十六日御油の神事　御石塔神事付随神事

御石塔神事は二月一日と同じ桂川治水祈願で、御油の神事は御石塔神事に付随する神事である。

一、八講

十月十一日から十五日まで執行された仏事。

一、十一月御神楽《みかぐら》神事

御神楽神事は宮中の御神楽の儀になぞらえ、天下泰平、国土安全、五穀豊穣を祈願する神事だった。明治四年以降は行われていない。

一、十一月氏神神事

氏神（御酉）神事は御神楽神事の七日以降の酉の日に執行。旧谷村の境外末社、東杵宮社・西杵宮社（御祭神は素戔鳴命《すさのおのみこと》・奇稲田姫命《くしいなだひめのみこと》）で行われたが、明治三十九年、東西杵宮社が月読神社に合祀されて以降にとだえた。大山咋神は、素戔鳴命の孫である。氏人の元服式で、日の出に燔柴《はんさい》（柴に玉帛《ぎょくはく》、牲體《せいたい》を加え、燃やして天を祀る）をしたという。

一、同手打神事

氏神神事より三ヶ日以降の子の日に執行。

一、十二月御庚申神事（大床）

『松尾社年中行事次第』に掲載され、現在も行われている行事は六百年以上の歴史があるということになる。

初夏を彩る洛西の大祭、松尾祭

「松尾の国祭」（神幸祭）と「松尾の葵祭」（還幸祭）

四月から五月にかけて松尾大社最大の祭礼、松尾祭が執行される。神幸祭が四月の卯の日、還幸祭が五月酉の日に行われたので、氏子さん達は「うからかおいで、とっととおかえり」とい い祭の日を覚えたという。

「松尾の国祭」といわれる神幸祭は通称「おいで」と呼ばれ、大宮《おおみや》社、櫟谷《いちたに》社、宗像《むなかた》社、三宮《さんのみや》社、衣手《ころもで》社、四之《しの》社の神輿と月読社唐櫃《からびつ》が、本社から氏子地域を廻り御旅所へ巡幸する。還幸祭は通称「おかえり」と呼ばれ、葵《あおい》と桂を飾るので、「松尾の葵祭」といわれる。

松尾大社の氏子区域は、右京区の嵯峨、嵯峨野、梅津、西京極、川勝寺《せんしょうじ》、郡《こおり》、西京区の嵐山、松室《まつむろ》、松尾、上桂、桂、山田、川島、下津林、牛ヶ瀬《うしがせ》、大枝《おおえ》中山、南区の唐橋《からはし》、吉祥院《きっしょういん》、下京

区の西七条、朱雀《すざく》、梅小路《うめこうじ》、七条御所ノ内、北区の等持院《とうじいん》など、京都市内の三分の一をしめる広大な範囲で、戸数は約十万戸にものぼるという。西の松尾祭は、東の稲荷祭と双璧をなす壮大な京都の祭である。松尾祭について古記にはこのように記されている。

夏四月上申日に行われ、弁・史各一名が遣わされ（勅使）祭祀を行う。「五色絁《ごしきのあしぎぬ》各一《おのおのいち》丈《じょう》、絹一丈、倭文《しどり》一丈、糸二絢《こ》、木綿《ゆふ》大四両《りょう》、麻十両、裹薦《つつむこも》一枚、銭二百文、調布《つきのぬの》二端」等の幣帛《へいはく》料が奉られた。（『延喜式』第一、神祇、松尾祭）

『江家次第《ごうけしだい》』によると、松尾祭は貞観年間（八五九～七七）に創始されたという。かつては勅祭だったが、律令制崩壊とともに、勅使が派遣される勅祭や奉幣が縮小、廃止となった。かわって有力氏子や豪農、町衆などが祭の担い手となり盛大に行われるようになる。応仁・文明の乱以降、衰退や中断があったが再興し、現在に伝えられている。

神幸祭は三月卯の日、還幸祭は四月上酉日に行われていたが、明治以降は四月下卯に出御、五月上酉日に還御、昭和三十六年から四月二十日以降の第一日曜日に出御、これより二十一日目の日曜日が還御となった。神幸祭、還幸祭ではいずれも吉祥院地区から二組の稚児が「榊御面《さかきごめん》」

という「翁（男）と媼《おうな》（女）の面をつけた榊の大枝を奉持して先導」する役を務め、還幸祭では下津林地区の稚児が「松尾使」として奉仕する。男神と女神の面が出会う儀式は、大山咋神と市杵島姫命の和合を彷彿とさせる。

勇壮な桂川の船渡御、神幸祭（おいで）

神幸祭前日に、摂社月読神社境内にて船渡御《ふなとぎょ》の安全祈願が行われる。当日は、吉祥院から男神（翁）面が届けられ、女神（媼）面と「面合わせの儀」が行われる。大宮社、櫟谷社、宗像社、三宮社、衣手社、四之社の神輿と月読社唐櫃が御本殿の御分霊を受け、拝殿を三回廻り（拝殿廻し）、「榊御面」を奉じた吉祥院の稚児を先頭に、月読社唐櫃から順次神輿が松尾大社を出発する。松尾、桂を通り、桂離宮の東北方から神輿船で桂川を渡る。

船渡御は三時間くらいかかることがある。川を渡った六基の神輿と唐櫃は左岸堤防下の斎場に集まり、祭典を行い、古例の団子神饌を献じる。その後、七条通を東へ巡幸し、衣手社神輿は郡衣手《こおりころもで》神社、三宮社神輿は川勝寺三宮神社に、他の神輿と唐櫃は西七条御旅所へ着御し、三週間留まる。『松尾大社文書』には、神輿を担当する駕輿丁《かよちょう》（神輿を担ぎ社に奉仕する）八ヶ村についいて、こう書かれている。

一、大宮神輿　一基　駕輿丁　唐橋村
一、月読神号板牌一面（神輿ではなく唐櫃）　同　梅小路村
一、櫟谷神輿　一基　同　西七条東町
朱雀村
一、宗像神輿　一基　同　西七条中町
西町
一、三宮神輿　一基　同　川勝寺村
一、衣手神輿　一基　同　郡村
一、四太神神輿　一基　同　西塩小路村
梅小路村、御所内村
（『松尾大社文書』、享保十七年・一七三二）

往時の御旅所などの場所が以下のように書かれている。

（御旅所名称）		（在所）
大宮月読相殿御旅社		在西七条村
櫟谷御旅社		同
宗像御旅社		同
三宮御旅社		在川勝寺村
衣手御旅社		在宗像御旅社同兆内（西七条村）
四太神御旅社		在大宮御旅社同兆内（西七条村）
惣神社並神供場		在朱雀村
陽面社	蔵祭礼所棒御面具之祠也	在石原村
陽面社	本社神幸之日石原村所蔵陽面奉還千島村故亦号	在島村
陰面社	祭日御面具有陰陽二相比為蔵陰面の祠	在吉祥院村

（『松尾大社文書』、享保十七年・一七三二）

「大正十三年四月三十日巳卯の神幸祭拝観記」には神輿の順番、駕輿丁と様子などが書かれている。

	（神名）	（駕輿丁）
第一番	松尾明神	唐橋
第二番	四大神	梅小路・塩小路
第三番	衣手大神	郡（京極村郡）
第四番	三宮大神	川勝寺上山田
第五番	宗像大神	西七条西中両町
第六番	月読大神（唐櫃）板脾、白丁烏帽子のもの之を舁《か》く。（本社旧神方中沢氏談）	
第七番	櫟谷大神 東北西南方向に神輿を向く。他はいずれも東西南北	西七条東野町

神輿は拝殿を三周し楼門、鳥居を通過し神幸路を進み、桂川西岸の中州から船に乗り、東岸に着く。六基の神輿は東西にならび、御神饌を供奉し祝詞奏上の後、休憩に入る。この時、駕輿丁に奉仕する家族は、家から持参した御馳走や酒を河原に広げて団欒した。

拝観記には「月読大神の御旅所は朱雀松尾總神社（御祭神　月読命）の小祠で、それに比べて西七条御旅所は広い」と書かれている。現在、三宮社と衣手社以外は西七条御旅所に駐輦《ちゅうれん》する。朱雀松尾總神社では還幸祭に神事が行われる。

神幸祭の船渡御

松尾社神輿五基は「千木《ちぎ》神輿」（屋根に交差した千木をつけた神輿）である。残る一基の宗像社の神輿のみが八角形の神輿で、屋根に「卯ノ鳥」が乗っているので「うのとりみこし」と呼ばれる。「卯ノ鳥」は、明け方（卯の刻）を告げる雄鳥である。昭和七年、神輿の装飾品が盗難に遭い、その時に「卯ノ鳥」も盗まれた。そこで、山科《やましな》神社の神輿の「卯ノ鳥」を原型として再現されたという。現在の神輿は嘉永六年（一八五三）再興のものである。

神輿の掛け声と担ぎ方において、全国的に多いのが「ひら担ぎ」で「ワッショイ」、次いで「江戸担ぎ」で「エッサ」だが、松尾大社の神輿は独特で「ホイット、ホイット」という。これは、シーソーのように激しく神輿を揺らし、鳴鐶《なりかん》という鳴物金具を鳴らす、勇壮で華やかな担ぎ方である。古老の話では、

「明治三十年頃、松尾社の神輿の掛け声と鳴鐶の音が山びことなり、丹波国篠《しの》村（亀岡市篠）まで聞こえた」という。

祇園祭の神輿も同じ「ホイット、ホイット」という掛け声である。四条通の東端の「八坂さん」（素戔嗚命）と、西端の「松尾さん」（素戔嗚命孫大山咋神）が、同じ掛け声にかこまれて京都の街の東西を護っている。

葵と桂の祭典、還幸祭（おかえり）

還幸祭は三ヶ所（西七条御旅所、川勝寺三宮神社、郡衣手神社）に駐輦されていた神輿と唐櫃（月読社）が、松尾大社本社にお還《かえ》りになる祭事である。六基の神輿と唐櫃は、旭《あさひ》の杜《もり》（西寺跡）に集まり、古例により唐橋地区の氏子赤飯座《あかいざ》による特殊神饌と、西ノ庄の粽《ちまき》講の御供《おそなえ》をうける。

赤飯座では、順番に当屋をつとめ御神饌を作る。御神饌は、折敷（膳）に①しらむし（もち米を蒸したもの、かつては赤飯）、②若芽を白紙で巻いて紐で括ったもの、③小鯛一尾、④生蕗《ふき》十本位を束ねたものと、別の折敷に①お神酒、②鰆《さわら》、③スルメ一枚を白紙で巻いたもの、④亀型の紅白の落雁一対を上器に盛ったものである。当屋は、前日にこの特殊神饌を七組作り、唐櫃に入れて保管する。当日、氏子は白衣に葵と桂を身に着けて当屋に集まり、六基の神輿が旭の杜に到着したのを確認して出発する。途中、道祖神社に御神饌一膳分を供える。旭の杜にて六基の神輿に御神饌と粽をお供えして祭祀が行われる。

その後、祭列を組み巡幸して、朱雀松尾總神社で祭典を行い、西京極、川勝寺、郡、梅津の旧街道を通り、松尾橋を渡って本社に還幸する。拝殿を回って神事を行い、祭は終了する。

還幸祭は別名「松尾の葵祭」といわれ、本社の御本殿、楼門、御社殿、各御旅所の御本殿、神輿、供奉御神職の冠、烏帽子に至るまで葵と桂で飾る。当日の祭典の玉串奉納では榊ではなく、葵と桂を奉納する。『松尾皇太神宮記』（東家伝承）には、葵と桂を使う様子がこのように記録されている。

葵桂をもって神殿より翠簾《すいれん》（緑色の簾《すだれ》）、几帳《きちょう》にいたるまでことごとく飾り、社司、氏人、物忌にいたるまで冠にかくるなり。当社の祭に葵桂を用いたゆえに葵祭と称する事、第一の秘事なり。

葵と桂を用いる由来について、『松尾深秘抄』にはこうある。

還幸祭で旭の杜に集結した神輿

むかし賀茂・松尾の社司から人民等にいたるまで、同じ夢をみた。それによると、容貌がおごそかにして麗しい貴い女性が御髪に葵かつらをかけ、天冠をかぶり、緋色の袴を着け御手に桂の枝をもって五色の雲にのり、光明を放ち告げられた。「汝等たしかに聞け、賀茂・松尾は一体なり。この祭に葵桂をもって神殿を飾り家々にもかけよ。そうすれば、雷神霹靂《へきれき》(急な雷の被害)の恐れなく三災七難を消除すべし」と。これにより、賀茂・松尾の祭には必ず葵桂を用いることになった。

松尾大社と上下賀茂社の御神紋は共に双葉葵である。葵と桂は「賀茂の厳神《げんしん》」と「松尾の猛霊《もうれい》」を結ぶ神聖なる植物である。

京都における三つの「葵と桂の祭典」

新緑が美しくなる頃、京都では葵と桂を奉じる三つの祭が行われる。カモ氏の氏神である上下賀茂社の葵祭と、秦氏の洛西総氏神である松尾大社の松尾祭。そして、秦氏が祀った伏見稲荷大社の稲荷祭である。

葵祭は京都三大祭、三勅祭の一つで、賀茂祭《かもさい》、北の祭と呼ばれた。『本朝月令《ほんちょうがつりょう》』「四月中酉賀茂祭事」の引く『秦氏本系帳』（『山城国風土記』逸文にも引用）には、賀茂祭の起源がこう記されている。

志貴島宮御宇天皇《しきのしまのみやにあめのしたをさめたまひしすめらみこと》（欽明《きんめい》天皇）の御世に、天下国《あまのしたくに》を挙《こぞ》りて風吹《かぜふ》き雨零《あめふ》りき。爾《そ》の時に、卜部伊吉若日子《うらべのいきわかひこ》に勅《みことのり》して卜《うら》なはしむ。乃《すなわ》ち、賀茂神の祟りなり。四月《うづき》の吉日（中酉の日）を撰《えら》びて、馬に鈴を係《か》け、人猪《ひといのしし》の影《かげ》（文献によっては猪頭《ししがしら》）を蒙《かがふ》りて駆馳《は》す。以《も》ちて祭祀《まつり》を為《な》し能く禱祀《いの》らしむ。因《よ》りて、五穀《たなつもの》成就《な》りて、天下豊年《あまのしたゆたか》なり。馬に乗るは、此に始まれり。

松尾祭で葵桂をつけた宮司

風雨の被害が賀茂神の祟りとされ、馬に鈴をかけ、騎乗者が「猪影」を蒙って（猪の恰好か？）走り祭をしたとある。現在の優雅な葵祭とは程遠く、土着の氏神祭祀がうかがえる。

賀茂祭を葵祭というようになったのは、江戸時代の元禄七年（一六九四）に中断していた祭が復興された時からである。内裏寝殿の御簾、牛車、勅使、御神職、牛馬にいたるまで、葵と桂で飾ることから葵祭と呼ばれるようになった。

『江家次第』には、松尾祭において古くより葵と桂が使われていたと記されている。平安時代には、上下賀茂社と松尾社で類似した祭祀が確認されている。

伏見稲荷大社・稲荷祭の還幸祭においても「葵桂奉献の儀」がある。稲荷社の御本殿内陣の各御簾五条に、葵五個をむすんだ桂の枝三本ずつをかけるものである。稲荷祭の創始について、稲荷社家にこのように伝えられている。

社司伝来記曰、古説云、稲荷祭ハ、自貞観年中始、天暦以降専被レ行レ之、云々。

（『稲荷谷響記《こっきょうき》』、享保十七年、秦大西親盛撰）

この文献にあるように貞観年間（八五九〜七七）に創始された説と、延喜八年（九〇八）創始説（白川伯王家による『伯家部類』）がある。

稲荷社は東寺の鎮守社である。東寺五重塔の用材を稲荷山から供出した返礼に位階が授けられ、空海が鎮守に迎えた。還幸祭では東寺慶賀門（東門）で神輿が「東寺御供」をうける。

秦氏が創建した松尾大社と伏見稲荷大社の祭礼は、左右対称になっているという説がある。平安京の玄関口の構造は、朱雀大路《すざくおおじ》（現・千本通）の南端に羅城門《らじょうもん》があり、その東西に東寺と西寺という官寺が建立されていた。両社の氏子地域は朱雀大路を境に東西に分かれている。西が松尾大社で神輿が西寺跡（旭の杜）に駐輦する。東が伏見稲荷大社で神輿が東寺に巡幸する。両神が氏子区域を巡幸しながら、都の入り口を護っているかのようである。

京都に伝えられた松尾祭、賀茂祭、稲荷祭という三つの葵祭をつなぐ葵と桂。それは山背国に築かれた壮大な信仰空間をひもとくキーワードである。

秦氏とカモ氏をつなぐ「元糺」と「糺」

平安京の二大勢力、秦氏とカモ氏

山背国の二大勢力が、桂川（葛野川）流域を大拠点とした秦氏、鴨川上流に本拠地をおいたカモ氏だった。『秦氏本系帳』の「鴨氏の人、秦氏の聟《むこ》と為る。秦氏、聟を愛びむとして、鴨祭《かものまつり》を以ちて譲与ふ」という記述は、秦氏とカモ氏が、婚姻関係でむすばれ連携祭祀をしていたことを伝えている。

カモ氏の姓は賀茂県主《かものあがたぬし》で、漢字表記は賀茂、鴨、加茂、賀毛、可茂など様々あるので、本書では「カモ」と表記する。『日本古代国家の研究』「カモ県主の研究」（井上光貞著）では「カモ」は神（カミ）に通じ、賀茂県主が朝廷祭祀を継承していく間に、神官としての職掌を明らかにするために称したと解説する。

『山城国風土記』逸文では、賀茂県主の祖は、神武天皇東征の際に八咫烏《やたがらす》の姿で先導した賀茂《かも》建角身命《たけつぬみのみこと》（神産巣日神《かんむすびのかみ》の孫神）とある。賀茂別雷《わけいかづち》神社（上賀茂神社）と賀茂御祖《みおや》神社（下鴨神社）を創建し、社家として奉斎してきた。社家は平安初期頃に上賀茂社と下鴨社に分かれたという。

古代祭祀場だった糺の森と池

糺《ただす》の森は、高野川と賀茂川が合流して鴨川となる三角州に広がる、古代の植生を伝える森である。東京ドーム約三倍（約十二万四千平方メートル）に老樹巨木が茂り、四つの小川が流れる。下鴨神社への参道で、葵祭の祭事場になる。古典や詩歌などに謳われ、三川合流地点には『方丈《ほうじょう》記《き》』の作者鴨長明《かものちょうめい》ゆかりの河合《かわい》神社（下鴨神社摂社）がある。

糺の森から祭祀遺跡、集石遺跡、神宮寺跡などが発掘され、縄文時代の土器や、祭祀用と推測される高杯などが出土している。京都市埋蔵文化財研究所の報告にはこうある。

下鴨神社は官祭（朝廷のまつり、祈雨、止雨など）として行われる臨時奉幣と、私祭（カモ氏・氏神まつり）の両方が行われたという特殊な背景がある。ゆえに祭祀が行われる頻度が高かったと考えられる。また、古代より無社殿神と呼ばれる社殿を持たない自然神をまつる水辺の祭場が、糺の森の中に点在している。方形の清浄地四隅に御幣を立て灯明をあげ四隅の神を祀り、中央に神降ろしの磐座（穴を掘り小石を詰める）を作りお供えして祀るといった今日でも見られる祭祀の後が、下鴨神社祭祀遺跡からもみられる。

糺の森に「鴨社神宮寺・池跡」という看板がある。神宮寺は嵯峨天皇の勅願で建立され、明治の神仏分離令にて伽藍は破却されたという。池跡は『下鴨社古図』にある河合神社北側の神宮寺前に描かれている。竜池ともいわれるが、近世の改修時に御手洗池に対して新糺池と呼ばれていた。「糺」という名称が、右京区太秦にある秦氏が奉斎した木嶋坐天照御魂神社《このしまにいますあまてるみたま》（第二章、70頁参照）から遷されたことはあまり知られていない。木嶋社の社伝では、「嵯峨天皇の御世に、下鴨社に糺を遷してより元糺という」とある。

両社に共通する「糺」は、「正シクスル」「誤ヲナオス」の意味で、木嶋社の元糺の池（神池）は身に罪や穢れがあるときに心身を浄める行場である。

糺、元糺を結ぶ、太陽と山と水を祭祀する遥拝線

大和岩雄氏の提唱する「元糺ノ森と糺ノ森をつなぐ遥拝線」（74頁参照）をベースに、山と水の祭祀と、共通する御神紋双葉葵を落としこむと、左頁の図のようになる。大山咋神は松尾山磐座（松尾大社）と八王子山磐座（日吉大社東本宮）に坐す山の神であり、「山の祭祀」がなされている。同じ時期に松尾祭と山王祭が行われる。土用の丑の日、木嶋坐天照御魂神社の元糺の池では足つけ神事、下鴨神社の御手洗池では御手洗祭（足つけ神事）が行われている。「水の祭祀」

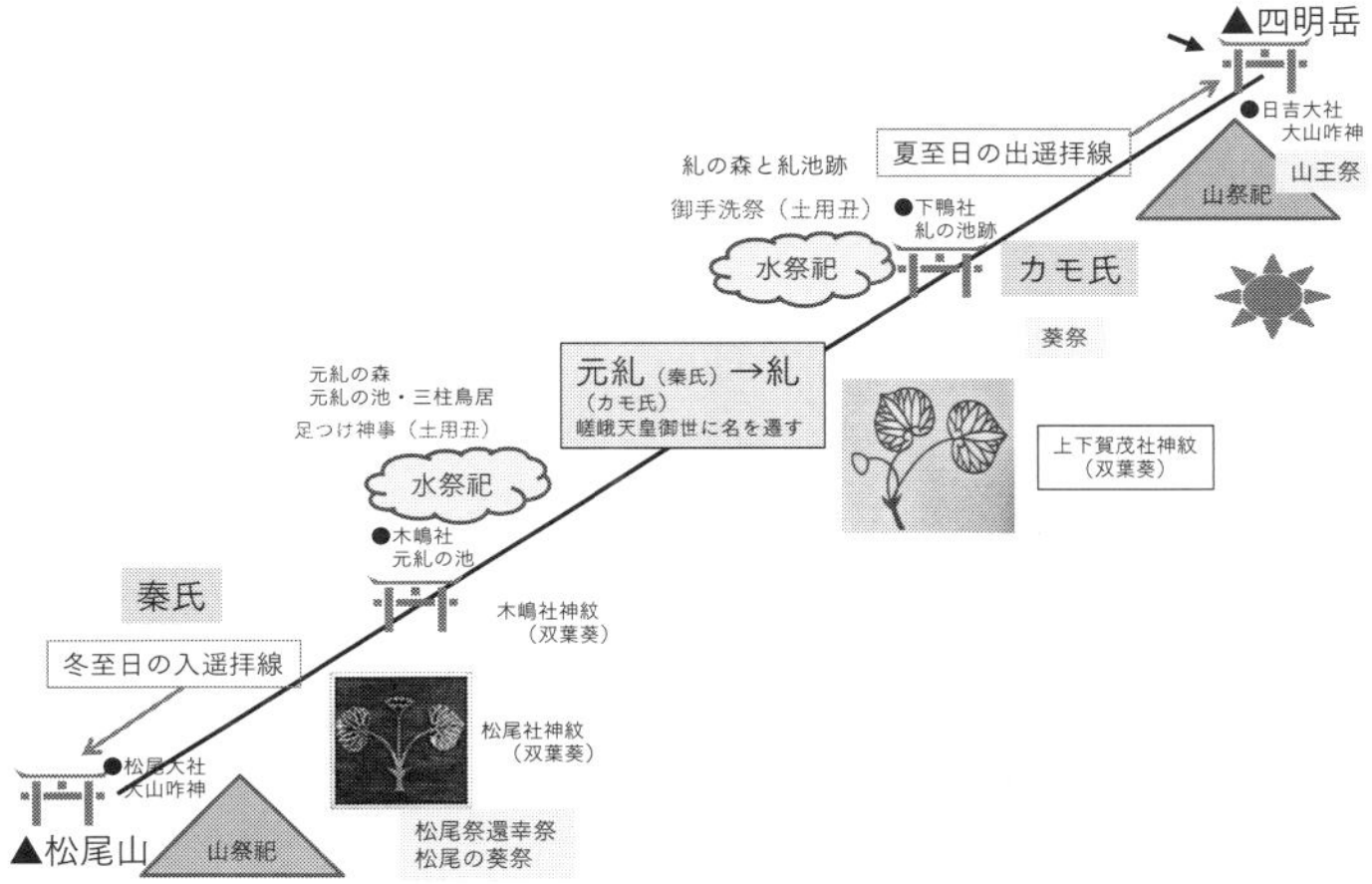

「元糺ノ森と糺ノ森をつなぐ遥拝線」と山と水の祭祀と御神紋の関係性の図

である。

日神（天照御魂神）を祀る「元糺」である木嶋坐天照御魂神社から、比叡山方向に夏至の太陽日の出遥拝線、松尾山方面に冬至の太陽日の入遥拝線があり、太陽祭祀がうかがえる。

松尾大社、上賀茂・下鴨神社、日吉大社東本宮に共通する御神紋は双葉葵であり、同時期に松尾祭、葵祭、山王祭を執行する。祭では葵と桂を身に着け、神輿や御社殿を飾る。

秦氏とカモ氏は連携し、京都盆地に「太陽と山と水を祭祀する壮大な遥拝線」を刻んだ。そして太陽の力が最大になる夏至に向かう時期に、葵と桂で祭を行い、大自然たる神の再生祭祀（御《み》阿《あ》礼《れ》）を行い、崇敬と感謝の気持ちを捧げてきたのではなかろうか。

空也上人と松尾大社

お盆に京都各地で奉納される六斎念仏は、平安時代に空也上人《くうや》が創始した踊念仏が室町時代に芸能化した盆踊りの起源でもある。現在も松尾大社では八朔祭に地元の嵯峨野六斎念仏により奉納されている。かつて松尾祭の神幸祭の時に衣手社御旅所で六斎念仏《ろくさいねんぶつ》が奉納されていたという。衣手社神輿の土台部分には伏鐘《ふせがね》をつけた空也上人のレリーフがある金具が取り付けられている。

空也上人は阿弥陀信仰を広め衆生救済に尽力し、「市の聖」「阿弥陀聖」といわれた。『都名所図会』の六波羅蜜寺の挿絵に松尾大明神が境内にあり、『山州名跡志』にも「六波羅蜜寺の鎮守社(松尾神)」とある。

空也上人と松尾大明神の関係について、『発心集』(鎌倉初期、鴨長明著)第七にこうある。「空也が雲林院に住んでいた頃の七月、大宮大路を南へ歩いていると、ただ人とは思えぬ人が寒さに震えていた。声をかけると、『己は松尾大明神なり。妄想顛倒の嵐はげしく、悪行煩悩の霜があつく、耐え難く寒い。法華経をあげてくれぬか』と答えた。上人は長年身に着け法華経を読みしめた小袖を献上した。松尾大明神は『返礼に仏道成就の日までお守りしよう』と約束し立ち去った。」この説話は『古事談』や『宝物集』、『元亨釈書』『三国伝記』、『本朝高僧伝』、『本朝神社考』『空也上人絵詞伝』にもある。

第五章

能楽・文芸　描かれた松尾大社

清少納言《せいしょうなごん》と「松《まつ》の尾《お》」

松尾社は様々な時代に、多くの文人墨客、芸術家などが参詣し、文学や能楽、和歌などに描かれてきた。

清少納言は『枕草子《まくらのそうし》』で、松尾社をこのように書いている。

神は、松《まつ》の尾《を》、八幡《やはた》。この国の帝にておはしましけんこそめでたけれ。行幸などに、水《な》葱《ぎ》の花の神輿に奉るなど、いとめでたし。

かの清少納言が「神と云えば、松尾神か八幡神だろう」といっていることから、この時代、松尾社は高い知名度を誇っていたのがわかる。彼女は清水寺《きよみずでら》や伏見稲荷など様々な社寺に詣でてその様子を書いているが、なぜ松尾社と石清水八幡を一番としたのだろうか。

清少納言は、一条天皇の中宮藤原定子《ていし》の女官として仕えていた。一条天皇は松尾社に行幸した最初の天皇で、行幸は寛弘元年（一〇〇四）十月十四日のことだった。彼女がこの行幸をどのようにみていたかは不明だが、同年代とされる源《みなもとの》兼澄《かねすみ》は同行して歌を詠んでいる。

ちはやぶる松尾山の陰みれば　けふそちとせのはじめなりける
（神々しい松尾山をみれば、行幸があった今日こそが帝の御世のはじまりである。）

（『後拾遺和歌集』巻二十神祇）

『枕草子』がいつ頃完成したかは不明だが、長保三年（一〇〇一）頃ではないかといわれている。つまり一条天皇の行幸の前後に書いている。彼女が行幸の様子を聞いて書いたのか、『枕草子』の一文を一条天皇がご覧になり行幸を決めたのかは定かでない。しかし行幸と『枕草子』が共に松尾社を称賛しているところに、朝廷の松尾社への篤い信仰心を感じる。

『枕草子』をはじめ様々な文学の中で、松尾社の社名の「松尾」は「松の尾（まつのお）」と読まれている。宮中に仕える女官達によって書き継がれた日記『御湯殿上日記《おゆどののうえのにっき》』（一四七七〜一八二六）には、室町から戦国時代にかけて松尾社への馬の奉納や松尾祭のついての記録がある。この中でも松尾社は、「まつのお」「松のお」と書かれている。この日記は女房言葉の研究において貴重な史料とされているが、女官達が日常的に「まつのお」といっていたことがわかる。

能・狂言と松尾大明神

能の大成者、世阿弥元清《ぜあみもときよ》は『風姿花伝《ふうしかでん》』に、「申楽《さるがく》は神仏にささげる神楽からはじまり、秦河勝《はたのかわかつ》により奉納芸能の形がととのった」と書いている。その娘婿である金春禅竹《こんぱるぜんちく》は河勝を祖とする大和猿楽金春流中興の祖で、能楽に宗教論を取り入れた著を多くのこした。『明宿集《めいしゅくしゅう》』の中で「翁は世界創造たる神で、申楽の中で最も優れた呪術性をもつ。この神は宿神であり、摩多羅神《まだらしん》であり、秦河勝である」と著している。秦氏が伝えた能楽において、松尾大明神は猛霊《もうりょう》としての荘厳さと、酒の神としてのおおらかさが描かれている。

■能「松尾《まつのお》」（宝生流《ほうじょうりゅう》謡本　脇能《わきのう》［初番能］　作者不明、世阿弥とも）

「秋風の声吹き添えて松の尾の神さび渡る景色かな」と、翁と男が謡い舞台に入る。季節は秋。帝に仕える臣下（ワキ）はある日思い立って、京都の西山、松尾大明神に参詣する。そこに男（ツレ）を連れた翁（前シテ）が現れる。臣下は翁に、社の謂れを尋ねる。翁は応えて、松尾大明神の御神徳を語り、今宵の夜神楽を拝んで欲しいといい、姿を消す。夜、境内で臣下が待っていると、黒垂《くろたれ》・唐冠《とうかんむり》、邯鄲男《かんたんおとこ》の面《おもて》（憂いを含む若い男面）に、袷狩衣《あわせかりぎぬ》、白大口《しろおおくち》袴姿の松尾大明神（後シテ）が現れ、「それ千代の松ヶ枝には万歳の緑常磐には御代を守りの御影山……松尾の神とは我が事なり」と謡い颯爽と神舞を舞って姿を消していく。若い男面をつけ神舞を舞う後シテは、松尾大明神の生命力と荘厳さを伝える。

■狂言「福の神」（福神狂言　神物　大蔵流）

上卯祭で茂山社中により奉納される狂言である。毎年年越しの福の神参詣を恒例にする男二人が、大晦日に参り福豆をまいていると、高らかな笑い声とともに福の神（シテ）が現れ幸せにしてやろうという。福の神は酒を催促し、「神々の酒奉行」松の尾の大明神に捧げてから飲み干し、幸せには元手がいるという。二人は元手がないから拝みに来たというが、福の神は「元手とは金銀や米ではなく、心持ち」だという。勤勉で、慈悲深く、来客を喜び、夫婦仲良くし、福の神に神酒を沢山捧げればよいと謡い舞い、大笑いして立ち去っていく。

福の神

能楽は、中世庶民の教養や娯楽の中心だった。松尾大明神が酒の神として庶民に広まったのには、この狂言がひと役かったのではないかと思われる。

■狂言「瓢《ふくべ》の神《しん》」（出家狂言　発心物）

松尾社が舞台である。鉢叩《はちたた》き（空也念仏を唱え布教する半俗の僧）の太郎（シテ）は、生活を支える茶筅《ちゃせん》が売れず、俗人となり都へ奉公に行くことにする。松尾大明神に暇乞いをしにいくと、末社の瓢の神が現れ、大明神から下された瓢と衣を太郎の前に置き、鉢叩きを続けるように告げ姿を消す。そこへ仲間の鉢叩きが来て、太郎は経緯を話し、皆で神へ御礼にと踊り念仏をする。

松尾大明神と空也上人との関係を仄めかしながら、その慈悲を伝える狂言である。

歌謡、和歌に詠まれた松尾社

『梁塵秘抄《りょうじんひしょう》』は平安末期に巷で流行っていた流行歌（今様《いまよう》）を集めたもので、芸能を好んだ後《ご》白河《しらかわ》法皇により編纂された今様の集大成である。その中に、嵯峨野、嵐山、松尾の風景を詠んだ歌がある。

嵯峨野の興宴は、やま負ふ桂《かつら》まふまふ《（まわるまわる）》車だに《（谷）》てうが《（朝原）》原、亀山、法輪や。大堰川。ふちぶち風に、神さび松尾《まつのを》の、最初の如月《きさらぎ》の。初午《はつうま》に富《とみ》配る。（『梁塵秘抄』巻二「霊験所歌六首」）

「神さび」は、「古びて神々しく、荘厳で神秘的」という意味である。この歌は、松尾社で初午の日に縁起物を授与する光景が詠まれている。

順徳《じゅんとく》天皇は父、後鳥羽《ごとば》上皇と鎌倉幕府倒幕を画策し、承久《じょうきゅう》の乱《らん》をおこしたが失敗。佐渡《さど》へ流罪になり二十一年を過ごし崩御された。天皇は松尾神を崇敬し、二首の歌を詠まれている。

建保五年（一二一七）十二月一日、行幸時に詠む

けふとてやまれにみゆきのしるしとも　松尾やまにかかる白ゆふ

題しらず

たれしかも松の尾のあふひ草　かつらにちかくちぎり初めけん（『続後拾遺和歌集』）

行幸時には雪景色を愛で、流罪地の佐渡では葵と桂を飾り華やぐ松尾祭を偲ばれている。

順徳天皇と運命を共にしたのが近臣、藤原光俊《みつとし》である。権中納言藤原光親《みつちか》と順徳天皇の乳母藤原経子《けいし(つねこ)》の子で、藤原定家に師事した「新三十六歌仙」の一人である。彼は出家して約六年間、高野や松尾に隠棲したという。嘉元元年（一三〇三）、澄月《ちょうげつ》が編纂した歌学書『歌枕名寄《うたまくらなよせ》』（歌枕を国別に分類）の巻第四、畿内部の山城国の「松尾」に光俊の詠んだ歌が二首撰ばれている。

新六　仏法僧

松の尾のみねしづかなるあけぼのに　あふぎてきけば仏法僧なく

新六　月　神遊

月さゆる夜ぞふけぬらし松のをの　神あそびする声きこゆなり

他にも、『歌枕名寄』の「松尾」には、このような歌が紹介されている。

新古七

万代《よろづよ》を松の尾山の蔭茂み　君をぞいのる常盤堅磐《ときわかたは》に

康資王母《やすすけおうのはは》（四条宮筑前《しじょうのみやちくぜん》）

続古三　葵

としをへて松の尾山のあふひこそいろもかはらぬかざしなりけれ　一宮紀伊《き》

夕かけて雲の上をや出でつらむ　松の尾山に夜ぞ更けにける　前左兵衛督惟方《これかた》

右一首松尾祭行事弁にてまいりて侍りけるに内侍のおそくて夜に入り侍りければいひつかはしけるとなん

亀山殿歌合

くれなゐに秋や手向けて染めつらん　松のを山のみねのもみちは　為家《ためいえ》

新後十

名もしるし色をもかへぬ松の尾の　神のちかひは末の代《よ》のため　太上天皇

『続群書類従《ぐんしょるいじゅう》』「第十四輯 下 和歌部」には、永享十三年（一四四一）に松尾社に奉納された法楽百首の和歌が収録されている。享保五年（一七二〇）の奥書がある『松尾社御法楽和歌』には、霊元《れいげん》天皇の御法楽和歌が宝永二年（一七〇五）六月四日に始まり、宝永五年五月に終わると記されている。四年間で三十七回の歌会が催され、上巻に五百七十首、下巻に五百四十首の歌が集録されている。この御法楽和歌の最初に、霊元天皇はこんな歌を詠んでいる。

早春山
やはらける光に千代のはつ春を　みせて色そふ松尾山

松尾社神主東相影の娘を母とし松室重仲を父とする秦仲子、松室重敦を父とする秦敦子、松尾社神主南相忠の娘らは女官（下臈《げろう》・中臈《ちゅうろう》）として出仕している。頻繁に御法楽和歌が奉納されたのは、霊元天皇と松尾社に深い繋がりがあったからかもしれない。そして松尾山は、霊験あらたかな聖地を表現する歌枕として詠み継がれてきたのである。

西行《さいぎょう》と吉田兼好《よしだけんこう》

平安末期の動乱の時代を生きた西行（一一一八〜九〇）は俗名を佐藤義清《さとうのりきよ》といい、鳥羽院《とばいん》の北面《ほくめん》の武士として仕えたが、二十三歳で出家し、各地に草庵を結び、諸国を行脚して歌を詠んだ。『新古今和歌集』や家集『山家集《さんかしゅう》』に数多くの歌がある。『歌枕名寄』に松尾山の雪景色を詠んだ歌がある。

たまかきはあけもみどりもうづもれて　雪おもしろき松のをのやま
（『歌枕名寄』巻第四、畿内部、山城国）

西行は隠遁後すぐ、松尾社近くに草庵を結んだという。それが西行寺という寺で、西光庵と合体して二尊山西光院《さいこういん》となった。旧松尾街道沿いにあり「西行法師旧跡」という石碑が建つ。松尾社までは歩いてすぐの距離にあり、西行にとって松尾山は身近な聖地だったのだろう。

鎌倉末期の戦乱の時代を生きた吉田兼好（一二八三〜一三五二?）は、神祇官の家系に生まれたが三十前後に出家遁世し、双ヶ丘《ならびがおか》などに草庵を結んでいる。藤原為世《ためよ》（二条家）を和歌の師匠とし、為世門下において和歌四天王に数えられる。兼好は、『徒然草《つれづれぐさ》』第二十四段において趣が深い神社に松尾社をあげている。

すべて神の社《やしろ》こそ、捨て難く、なまめかしきものなれや。もの古《ふ》りたる森のけしきもただならぬに、玉垣《たまがき》しわたして、榊木《さかき》に木綿《ゆふ》懸《か》けたるなど、いみじからぬかは。殊にをかしきは、伊勢、賀茂、春日、平野、住吉、三輪、貴布禰《きふね》、吉田、大原野、松尾、梅宮。
（『徒然草』第二十四段）

兼好は、松尾社と法輪寺《ほうりんじ》の間あたりに草庵を結んでいたという。『兼好法師集』には、師である為世と松尾社あたりに花見に出かけたときのこのような歌がある。

藤大納言（為世）どのの松の尾の花見におはせしに、さそはれてまつりて、山ざとの花を
人めをば厭ひやすると山ざとの　あるじもとはで花をみるかな（『兼好法師集』下）

このような歌もある。

法輪にこもりたるころ、人のとひ来て帰りなむとするに
もろともに聞くだにさびし思ひをけ　帰らむやとの嶺の松風（『兼好法師集』上）

松尾社一帯には、時代のはざまを生きた二人の隠棲文学者をひきつける神的オーラが漂っていたのだろう。彼らは松尾の神に何を祈ったのだろうか。

井原西鶴《いはらさいかく》と酒の神

井原西鶴（一六四二〜九三）は大坂の俳諧師《はいかいし》で、浮世草子や人形浄瑠璃作家である。彼が人気作家となったのは「元禄バブル」の時代だった。経済力を得た町人が大坂、京都を中心に優れた芸術や文芸などの作品を残し、学問、医療などにも変革がもたらされた。そんな世相で西鶴文学の特徴は、人間の欲望を肯定し、町人のありのままの姿を描いたことにある。西鶴の没後に出された遺稿集『西鶴俗つれづれ』、『西鶴織留《おりどめ》』の中に、松尾大神が書かれている。

杉をしるしに小嶋酒（備前児島地方の酒屋）といふ名物の商売をするに、正直のかうべに松の尾大明神もやどらせ給ひ……。（『西鶴俗つれづれ』巻二）

「正直に商売すれば、松尾大明神の御加護が得られる」という内容は、松尾社に伝えられた『酒由来の事』の「酒を造る人は心持を清浄にし、利欲を貪らず、正直第一に信心して酒を造るべし」に通じている。『西鶴織留』でも、伊丹で造られる極上の銘酒は松尾大明神の御加護によるものだと書いている。

本居宣長《もとおりのりなが》と大山咋神

江戸中期から後期の国学者、本居宣長（一七三〇〜一八〇一）は、荷田春満《かだのあずままろ》、賀茂真淵《かものまぶち》、平田《ひらた》篤胤《あつたね》とならぶ「国学の四大人《しうし》」である。四人は秦氏とカモ氏の古道に造詣が深い。荷田春満は秦氏が建立した稲荷社の御殿預職の社家、東羽倉《ひがしはくら》家に生まれた。復古神道と国学を唱えた「国学の祖」で、江戸の教場跡に「国学発祥之地」の石碑がある。春満を祀る東丸《あずままろ》神社（伏見稲荷大社隣接）は学問の神として崇敬されてきた。その弟子、賀茂真淵は、静岡県浜松市の賀茂《かも》神社社家の岡部《おかべ》家に生まれ、遠祖はカモ氏に繋がるという。春満の古道説を確立した。その門下生が本居宣長であり、宣長の弟子が平田篤胤である。

宣長は京都に遊学した後、医者と研究者を並行して真淵の古道説を継承し、国学の発展に大きく寄与した。寛政五年（一七九三）、六十四歳の春、上京した宣長に松尾社司、中沢越後が入門している。そして、四月七日に松尾社と月読社を参拝した時にこのような歌を詠んでいる。

松尾社にて
松尾の宮をろかみてたふときや　なりかふらやの神代しおもほゆ
月読社のほとりにて
手をりて今は卯月とつきよみの　森の名あはれ旅のけ長み
（『むすひ捨たるまくらの草葉』）

宣長が起稿してから三十四年目の六十九歳で完成させた代表作『古事記伝』には、大山咋神についてこのように記している。

公家の尊崇ます事の重きは、皇京の守り。神に坐すゆえにこそ。

宣長は四十九年ぶりに松尾社を訪れ、ライフワークである『古事記伝』を完成させ、その二年後に身罷《みまか》った。

上田秋成《うえだあきなり》と延朗上人《えんろうしょうにん》

上田秋成（一七三四〜一八〇九）は、江戸後期の読本《よみほん》作家、国学者、歌人、俳人である。代表的な読本作品『雨月物語《うげつものがたり》』は、中国や日本の古典を踏まえつつ、独自の怪異小説九編で構成される。その一編「仏法僧《ぶっぽうそう》」は「ブッ・ポウ・ソウ」と鳴く山鳥に由来する。内容は旅に出た伊勢国の隠居と息子が高野山に至り、仏法僧の鳴き声とともに現れた豊臣秀次《とよとみひでつぐ》らの亡霊の宴に遭遇し、恐怖の体験をする話である。仏法僧という鳥を説明するのに、延朗上人と松尾明神の話を引用している。

松の尾の峯静《しずか》なる曙《あけぼの》に　あふぎて聞けば仏法僧啼《な》く
むかし最福寺《さいふくじ》の延朗法師は、世にならびなき法華者なりしほどに、松の尾の御神、此の鳥をして常に延朗につかへしめ給ふよしをいひ伝ふれば、かの神垣にも巣むよしは聞えぬ。こよひの奇妙、既に一鳥声あり。我ここにありてこころなからんや。

仏法僧という鳥が松尾社境内に住むという伝承は『古今和歌集』などにも詠まれている。

延朗上人は、源義家《よしいえ》の四世孫で、平治《へいじ》の乱《らん》で源義朝《よしとも》が敗れた時に難を逃れ、安元二年（一一七六）、松尾社の南に最福寺（谷ヶ堂）を建立して持住となった。『元亨釈書《げんこうしゃくしょ》』（鎌倉末期の仏教史書）に上人と松尾社との関係を物語るエピソードがある。

最福寺池側に大きな石があり、いつも白髪の老人が腰掛けていた。延朗上人が「貴方は誰ですか」と問うと老人は「私は松尾明神で、貴方（延朗）の法を擁護し、法華を読むのを聴く為に、しばしばここに来臨している」と答えられた。（『元亨釈書』巻十二）

『扶桑京華志《ふそうけいかし》』（寛文五年・一六六五）にも、最福寺に松尾大神が現れ、上人の法華経を聴かれるときに腰掛けた石があると記されている。最福寺の前身は松尾山寺で、平治の乱で焼失した。神宮寺に住む延朗上人がここに天台宗寺門派寺院最福寺を建立した。東の東福寺、西の最福寺といわれるほどの大寺院だったという。『太平記』や『雨月物語』には、壮大な大池、七堂伽藍、四十九院の楼閣、五重塔、十二の欄干玉天があり、極楽浄土の荘厳な優姿と書かれている。

上人は寺領だった丹波国篠村に免租、善政を行い、寺に浴室を作り病人を治療、民衆救済に尽力して「松尾の上人」と崇敬された。松尾社神主相頼の眼病を癒した話もある。
建久七年（一一九六）に、松尾社背後の杉に落雷し御社殿に倒れかかり、社人が上人に相談した。上人は「直ちに杉を伐るべし」というので、社人が伐ると杉は御社殿を避けるように倒れ、中から舎利が入った銅塔が出てきた。上人の指導で御社殿南に三重塔を建立し安置したという。『西芳寺《さいほうじ》縁起』（応永七年・一四〇〇、急渓《きゅうけい》中《ちゅう》韋《い》編纂）にも、延朗上人と松尾明神が会い、舎利を感得するなどの話がある。松尾社神宮寺は持住や社僧をもたず、法輪寺や広隆寺、周辺寺院から社僧が派遣されていたという。最福寺からも社僧が派遣されたようである。延朗上人は松尾明神への篤い信仰をもって、社僧を先導する役割を担っていたのかもしれない。

松尾の地で栄えた最福寺は、平治の乱や応仁の乱、そして信長の焼き討ちがあり、大伽藍はすべて焼失した。復興されることなく、現在は住宅地になっている。境内の一部は、谷ヶ堂最福寺延朗堂になっている。「松尾明神腰掛け石」の所在は明らかではないが、「谷ヶ堂最福寺　開山延朗上人旧蹟地」という石碑が建っている。

平安中期の僧侶、歌人で法輪寺持住だった道命《どうみょう》上人は読経が美声で知られ、『今昔物語集』巻十二の第三十六話や『本朝法華験記』などには、松尾明神が読経を聴聞した話がある。延朗上人や道命上人の伝承は、松尾社の神仏習合の時代を伝える。

第六章

建造物・文化財・庭園

松尾大社へのいざない

古絵図の松尾社と修復の歴史

平安京ができる前から松尾・嵐山一帯は、松尾社を中心に南に月読社《つきよみしゃ》、北に法輪寺《ほうりんじ》、櫟谷社《いちたにしゃ》が西山山麓にならぶ広大な聖域を形成していた。『神社古図集』（宮地直一監修）にある室町初期の製作とされる『山城国松尾神社及近郷絵図』には、その風景が描かれている。

勅使などは桂川を渡り、一之鳥居、中鳥居を通り、御前鳥居から西に折れて楼門《ろうもん》に至ったといわれる。楼門を入ると、廻廊《かいろう》、北神饌所《しんせんじょ》、楽所《がくところ》、経所《きょうじょ》などに囲まれた空間に舞殿《まいどの》がある。その先の祝屋とその左右に御輿宿、正禰宜局、正祝局があり、その奥に拝殿、講房、御料屋がならび、正面に神殿と仮殿が同じ大きさで描かれている。神殿の背後は瑞垣《みずがき》があり、左右には堀垣がある。霊亀の滝あたりに神饌所の竈殿《かまどの》、贄殿《にえでん》がある。神殿に向かって左側の山麓に神宮寺《じんぐうじ》があり、その前（現在の参拝者用大駐車場）あたりに宿院《しゅくいん》（社僧などの宿坊）、宿坊北西に三重塔（倒杉から出た舎利を安置）がある。近郷には、南側に摂社月読社の御本殿と仮殿、舞殿、二つの楼門が描かれている。北側の法輪寺がある山裾に摂社櫟谷社がある。

松尾社の御社殿は、創建以来、朝廷や幕府により手厚く修復、改造されてきた。『続日本紀』

『山城国松尾神社及近郷絵図』

上記より松尾社の部分を拡大

や、『松尾神社造営限先例等調書』（明治十二年十一月二十日）、『松尾大社史料集』などによると、御社殿などの修復、造営（遷宮）は次のように行われていた。

（創建から平安期）	
大宝元年（七〇一）	社殿造営（創建）
延暦三年（七八四）	「遣使修理賀茂上下二社及松尾乙訓社」（『続日本紀』十一月二十八日条） ※長岡京遷都時の修理。社伝では、大宝～延暦期間に三回程度修復か
（平安末期～鎌倉期）	
長治二年（一一〇五）	改造 堀河天皇行幸（寛治四年・一〇九〇）※延暦期の修復より三百二十一年ぶり
寛元三年（一二四五）	仮殿遷宮（『百錬抄《ひゃくれんしょう》』）
弘安八年（一二八五）	松尾本社・摂社・末社全焼（『一代要記』）
弘安十年（一二八七）	仮殿遷宮（『続史愚抄《ぞくしぐしょう》』）
（中世・室町時代）	
応永四年（一三九七）	造営・仮殿御遷宮
永享六年（一四三四）	本殿御遷宮

（戦国時代）	
天文十年（一五四一）	大改修（天文十一年とも）※これより幕末まで修理記録なし
天文十九年（一五五〇）	造営・正殿御遷宮（『言継《ときつぐ》卿《きょう》記《き》』）
（江戸期）	
文政十年（一八二七）	神殿御修理
嘉永五年（一八五二）	造営・正殿御遷宮（『公卿《くぎょう》補任《ぶにん》』）
（近世）	
大正十三年（一九二四）	大修理
昭和四十六年（一九七一）	屋根葺き替え中心に修復
昭和六十三年（一九八八）	天皇陛下在位六十年奉祝諸殿舎修復境内整備事業竣工報告祭

「平成の御遷宮」に際して平成二十九年（二〇一七）から、大修復事業が行われた。文化財の修復や造営は、創建当時の建築意匠を受け継ぐ形で行われる。時代の息吹を感じながら文化財建造物を見てみよう。

御社殿と文化財建造物

松尾大社の建造物の魅力

　桂川に架かる松尾橋を渡ると、巨大な朱塗の一之鳥居がある。参道を進むと二之鳥居（赤鳥居）がある。ここから奥を見ると楼門が一直線上ではなく少し横にずれて位置する。ゆえに圧迫感がなく、優しく自然の中へ誘われるようである。鳥居左手には、神幸祭の船渡御に使われる駕輿丁《かよちょう》船がある。楼門を入ると、清らかな一之井《いちのい》川が流れる。秦氏が築いた洛西用水の一部で、四月から五月頃には山吹が見事な花を咲かせる。正面には拝殿があり、お正月には干支の巨大絵馬が掲げられる。御本殿前には堂々たる中門《ちゅうもん》（神門）があり、ここで参拝する。御本殿は重要文化財で、釣殿《つりどの》、中門、廻廊《かいろう》、神庫《しんこ》、楼門《ろうもん》、拝殿、神輿庫《みこしこ》（すべて江戸期）は京都府暫定登録文化財である。背後の松尾山と一体化した境内は隅々まで清掃され、清々しく人々の心を落ち着かせる。

　永年、文化財建造物の修復の現場監督や研究、技術者育成に携わってきた後藤佐雅夫《さがお》氏（公益社団法人全国国宝重要文化財所有者連盟事務局常任理事・事務局長）は、松尾大社の建造物の魅力を、

「御本殿が素晴らしい。御社殿を側面から見てください。御本殿の屋根の流れがほぼ同じ長さですね。これは両流造《りょうながれづくり》（松尾造）といい、松尾大社以外では厳島《いつくしま》神社本殿と摂社客《まろうど》神社本殿などに伝わるぐらいで非常に珍しいものです。国宝・重要文化財に指定されている神社本殿の形式で最も多いのは流造《ながれづくり》で、屋根の前方が向拝を取り入れて長く伸び、背面部分は短くなっています。両流造は流造とよく似ていますが、前流れと後ろ流れがほぼ同一で、向拝部分が庇のように出ています。古い祭祀を伝えているものかもしれません。古い祭祀の名残りとして、松尾大社の両流造が存在するならば、誠に特筆すべき御本殿です。御本殿の形式が類例の少ないもので、しかも室町時代のものだということも、この建造物の価値を増しています。屋根の檜皮《ひわだ》の曲線の美しさ、古い祭祀の形を残しながら、この社にしか見られない独特のものや、室町時代の建築意匠が随所にあります」と語っている。後藤氏は、松尾大社の昭和の御本殿修復と、平成の御遷宮において楼門改修の現場監督を務めた。

御本殿

松尾山磐座の二座、大山咋神《おおやまぐいのかみ》と市杵嶋姫命《いちきしまひめのみこと》を祀る神殿である。大宝元年（七〇一）の創建以来、朝廷や幕府が修復してきた。現在の御社殿は室町初期の応永初年に建造され、天文十一年

（一五四二）に大改修されたものである。その後は嘉永四年（一八五一）と大正十三年（一九二四）に大修理、昭和四十六年（一九七一）に屋根葺き替えを中心とする修理が行われた。中世・室町時代の意匠を伝える稀少な文化財建造物に指定されている。日本の数多の文化財建造物にはない独特の意匠がある。三つのポイントから説明しよう。

①両流造（松尾造）

神社建築では正面側を平《ひら》、横側を妻《つま》という。妻側（建物の横側）から、屋根を見てみよう。一般的な神社の流造の屋根は、後ろが短く前が長い。これに対して松尾大社の両流造は、棟を中心に前後の屋根がほぼ同じ長さで、シンメトリー（対称形）になっている。両流造は、松尾大社、厳島神社本殿及び摂社客神社にしか見られない珍しい様式で、「松尾造」ともいわれる。松尾、厳島に共通しているのは御祭神が宗像三神ということで、何らかの関係があるのかもしれない。御社殿は三間社《さんげんしゃ》という様式で、正面の柱と柱の間が三つある。間は六尺二寸一間ではなく、柱間をいう十尺でも一間である。

②「唐破風形」の箱棟《はこむね》・棟端《むねはし》（檜皮葺き屋根と妻飾り）

妻側から見てみよう。三角形の屋根の側面がある。ここにある装飾品を妻飾りという。三角形の先端、屋根の一番高い部分を箱棟《はこむね》という。その両端には獅子口《ししぐち》と呼ばれる妻飾りがある。よ

松尾大社御本殿の両流造

く鬼瓦が置かれているが、それが唐破風《からはふ》の形になっている。この形式は松尾大社にしか見られない。唐破風部分の材質は木製である。神社御本殿の屋根には鉱物（瓦など）をあまり使わない伝統があり、それが忠実に守られている。

檜皮葺きの屋根の材料、檜皮は平葺きの長さが七十五センチメートルに切りそろえられるが、外側に見える葺足は一・二センチメートルだけである。檜皮職人は檜皮を重ね、竹釘で打ち絶妙な屋根の曲線を生み出す。屋根檜皮葺きの側面の下には破風板《はふいた》があり、ここから猪目懸魚《いのめげぎょ》という妻飾りがぶら下がっている。懸魚は様々な形があるが、猪目懸魚は鎌倉期から長く使われている。

側面の妻飾りに、人字形の中央に束《つか》（短い柱）を入れたものを豕扠首《いのこさす》という。それが簡素で、古代の校《あぜ》倉造《くらづくり》や高床式《たかゆかしき》の名残といわれる。

③御本殿の細部意匠

今度は御社殿の平側（正面側）から見てみよう。神様が御鎮座される神殿前を向拝《こう(ご)はい》という。向拝の角柱の上に斗組《ますぐみ》があり、柱と柱の上部をつなぐ頭貫《かしらぬき》があり、その上の各間に蟇股《かえるまた》という装飾が乗っている。これは時代が新しいほど、彫刻がデコラティブになり彩色も加わって派手になる。室町期の特徴は、牡丹などの花の彫刻が多く、シンプルで繊細である。御本殿向拝にある蟇股は室町様式で、中央の間と南の間には牡丹唐草、北の間には桐唐草が彫刻されている。浮彫のようで、平面的な彫刻と左右対称なのは古い様式を伝える。

角柱の上部の斗栱《ときょう》部には、手挟《たばさみ》という装飾がある。室町期に多い牡丹唐草文様で、丸鑿《まるのみ》をつかい立体感をもたせる彫刻技法は室町時代の建築意匠の特色で、桃山から近世にはみられない。蟇股と手挟の彫刻は、文化財の時代判定の決め手になる。

柱の上に舟肘木《ふなひじき》が乗っている。これは平安時代の寝殿造に見られる特徴で、御所様式の意匠を踏襲している。

神殿の周囲に高欄《こうらん》と呼ばれる手すりがあり、階段両端で途切れる。高欄両端が跳ね上がる刎《はね》高欄という形式である。装飾として金属加工された双葉葵の文様があり、簡素な中にきらびやかさがある。階段手すりは擬宝珠《ぎぼし》高欄になっている。

御本殿の規模は、桁行（正面通）七・〇五七メートル、梁行（側面通）八・〇三二メートル、軒の出は一・五八五メートルである。高さ軒が向拝の方で四・八四八メートル、棟高は一一・四九三メートル、平面積は八〇・八四五平方メートルである。

中門（神門）・釣殿・廻廊・神庫・神饌所

御本殿に付随する建造物が、中門、釣殿、廻廊である。中門には大きな唐破風が付いている。中門がある廻廊には、他に北清門と南清門がある。中門から板敷の土間を奥に行くと、御本殿に続く釣殿がある。室町時代の「近郷図」には釣殿は描かれていない。天文年間の大修理の際に中門、廻廊、釣殿が建造されたという。

御本殿に向かって右側にならぶように神庫がある。規模は縦二間、横三間、檜皮葺きの校倉造、高床式で正面に階段がある。室町期の絵図ではここに仮本殿があり、元禄・寛政時代の絵図にはここに神輿庫がある。天保七年（一八三六）に神輿庫が現在地（拝殿に向かい左側）に移転された後、文久三年（一八六三）に造営されたという。神輿庫には六基の神輿が収蔵されている。その前の縁に全国の蔵元から奉献された酒樽が積み上げられている。

御本殿前廻廊右端に神饌所《しんせんしょ》がある。神様にお供えする御神饌を調理する場所である。檜皮葺きで縦三間横四間の建物で、板敷と畳敷の二室ある。寛政の絵図にある御供所《ごくしょ》が移設改築されたものである。昭和五十四年に屋根が銅板葺きに葺き替えられている。

楼門

境内に入り参道を進むと、石段上の楼門が目を引く。御神域に魔物が入らぬよう左右に、弓矢と太刀を携えた随神像《ずいしん》が配されている。その周囲の金網には杓子《しゃくし》がさされている。願い事を書いて掲げる祈願杓子という。この随神像が八坂神社にあったという記録がある。

祇園八坂神社南楼門の随神は、運慶《うんけい》作にして後に古法眼元信《こほうげんもとのぶ》（狩野元信）が丹青《たんせい》を施したが、年月がたち剝落がひどく文化丁卯の年に松村月渓《まつむらげっけい》に託し修復した。安政年間、祇園社火災時、眞葛ヶ原《まくずがはら》（円山公園一帯）に運んだが、紛れて紛失し新たな像を作り安置した。その三十年目に元像が発見された。そこで有志が松尾社神主秦相愛を介し、松尾社が買い取り楼門に安置した。（『松尾大社文書』「松尾神社楼門御随神歴由緒」）

楼門の構造は、三間二間一戸（正背面の柱間数が三つ、側面が二つ。中央一間が戸口）で、入母屋造《いりもやづくり》、檜皮葺きである。規模は正背面の桁行《けたゆき》が二十七尺六寸（八・三六メートル）、側面の梁行《はりゆき》が十三尺七寸（四・一六メートル）、高さ三十八尺二寸（十一メートル）という大きな楼門である。現在の楼門は江戸時代、寛永六年（一六二九）のものという。『社頭楼門棟札《むなふだ》写』（松尾大社所蔵）には、「寛永六年六月七日一階（下層）の立柱、翌七年六月八日に棟上げ」と記されている。

楼門

江戸期の建築意匠に見られる派手な装飾彫刻を用いず、古来の和様式が踏襲され、中世・室町期の意匠が端々に見られる。時代判定の基準となるのが束《つか》（短い柱）と支輪《しりん》（天井や軒の空間を埋める化粧材）というパーツである。

束は鎌倉時代以降「撥《ばち》形」（下が開き三味線などの撥のような形）になり、室町時代にはこれに彫刻が施された蓑《みの》束になる。楼門の間斗束《けんとづか》（斗栱の間にある束）は「撥形」で、その上に蓑束がある。支輪は古いものは「L字型」、江戸以降は「S字型」となる。この楼門は「L字型」である。これについて後藤佐雅夫氏はこう考察している。

江戸時代の建物にL字型支輪があるのは、後世の大修理で変更されたのではないかと思います。たとえば、明治四十年の大修理とか……なぜなら材料が良すぎるからです。この支輪については一考を要します。

軒裏や天井近くの積木が重なったようなものを斗栱（升形、組物）といい、軒や天井を支えるパーツである。楼門は三手先《みてさき》斗栱（三段階に飛び出す組物）となっている。

拝殿

拝殿

楼門を入ると目の前に拝殿がある。拝礼や祭祀を行う御社殿で、御神職や祭員が着座する場所である。諸芸能が奉納される舞殿、幣帛（お供え）を奉納する幣殿として使われる。御田祭《おんださい》や神幸祭などで、植女《うえめ》や神輿が周囲を廻る行事がある。

元禄・寛政の絵図には、同じ場所と建築様式で描かれているので江戸初期のものとされ、四方階段には慶安元年（一六四八）奉納の擬宝珠がある。嘉永四年（一八五一）に修理され、昭和三十七年、平成十三年に屋根の葺き替えがなされている。四間四方（二六・一七坪）の高床式で、周囲を勾欄《こうらん》がついた縁がめぐり、東西に階段がある。入母屋造、檜皮葺きの建物である。

境内末社

〈北末社〉

■三宮社《さんのみやしゃ》（御祭神　玉依姫命《たまよりひめのみこと》）

『秦氏本系帳』「鏑矢伝承」では、大山咋神（松尾神）后神として記されている賀茂別雷神の母神。

■四大神社《しのおおかみのやしろ》（御祭神　春若年神《はるわかとしのかみ》、夏高津日神《なつたかつひのかみ》、秋比売神《あきひめのかみ》、冬《ふゆ》年《としの》神）

春夏秋冬、四季の神々に豊作を祈願したと考えられている。伏見稲荷大社にも奉斎され、『大日本地名辞書』（吉田東伍著）の松尾大社及び伏見稲荷大社の項の下に、「四大神

北末社のうち三宮社・四大神社

北末社のうち滝御前社

は秦大尽なり」とある。大尽は富豪、資産家の意味なので秦氏の首長をさすとも考えられる。

■滝御前社《たきごぜんしゃ》（御祭神　罔象女神《みづはのめのかみ》）

水源とそこから流れる水を司る神。霊亀《れいき》の滝と「水元《みずもと》さん」を祭祀するものと考えられている。（17頁参照）

〈南末社〉

■衣手社《ころもでしゃ》（御祭神　羽山戸神《はやまどの》）

■一挙社《いっきょしゃ》（御祭神　一挙神）

元は別宮だった一挙大神社と、十善大神社が同殿共床に祭祀されている。一挙社は、困難には神に祈れば一挙に解決するという信仰があった。十善は仏教の「十悪をしない」ことで、「十善の君」は天子、天皇をさす。神仏習合祭祀の名残である。

■金毘羅社《こんぴらしゃ》（御祭神　大物主神）

■祖霊社《それいしゃ》（御祭神　松尾大社ゆかりの功績者）

『神祇譜傳図』（松尾大社所蔵）に、御祭神・大山咋神（本社）と末社の神々との関係を示す、このような系図が伝わっている。

素戔嗚命――大年神――大山咋神
　　　　　　　　　　　兄弟⇔
　　　　　　　　　　羽山戸神（衣手社祭神）
　　　　　　　　　　　兄弟⇔
　　　　　　　　　　四大神（四大神社祭神）

『松尾大社文書』によると享保十七年（一七三二）九月には、本社と境内、境外の摂社・末社について、こう記されている。

松尾本社鎮座地

松尾社 式大社

月読社 式大社

櫟谷社 式小社

右奉称松尾三社（右を松尾三社と称する）

南末社（右から衣手社、一挙社、金毘羅社、祖霊社）

宗像社鎮坐与櫟谷社相殿、其左架為宗像神社
三宮社鎮坐松尾社頭北畔
衣手社鎮坐同上南畔
四太神社鎮坐松尾社頭北畔、与三宮社相並
　右四社通前三社奉称七社（右四社と前三社を総じて松尾七社と称する）

　　社頭並境内諸小祠所在

十善神社　在松尾社頭南畔
本宮社　同上正殿南傍
新宮社　同上正殿北傍
結地才社　在松室村
山神社　同上
若皇神社　同上
朝稲神社　同上
東杵宮社　在谷村

西杵宮社　同上
幸神社　同上
水本社　同上
藤生社　在上山田村
幸神社　同上
山神社　同上
右十四社

江戸中期には現在より多くの摂社・末社があったようで、境外に十四社の境外社があった。江戸末期までその存在は確認できたが、明治の神仏分離令の混乱により移転や廃絶となった。

赤鳥居の「脇勧請」

松尾大社のランドマークとなっているのが、大鳥居である。これをくぐって次にある赤鳥居の上部に掲げられた「松尾大神」の神号額は、有栖川宮幟仁親王《ありすがわのみやたかひとしんのう》の筆である。

赤鳥居の上部には、柱と柱を結ぶ注連縄《しめなわ》があり、これに榊の小枝を束ねたものが沢山垂れ下

赤鳥居

がっている。これを脇勧請《わきかんじょう》という。榊の束は、平年だと十二束、閏月《うるう》の年には十三束吊り下げる習わしとなっている。これは鳥居の原始形式を伝えている。古代において、参道の両脇に二本の木を植え、神様を迎え、柱と柱の間に注連縄をはり、その年の月の数だけ細縄を垂らして月々の農作物の出来具合を占ったという。占い方法については資料がなくわからないが、占いにより農作物の出来高を判断していた古の習俗を伝える貴重な民俗資料である。

社務所・客殿・参集殿・授与所・葵殿

社務所は嘉永四年（一八五一）に、寛政絵図の御供所や膳部所があった場所に建てられた。入母屋造の平屋建てで、縦五間横七間半の本屋の周囲に廊下がある。客殿は二つの瓦葺きの建物を繋ぎあわせて、蓬萊《ほうらい》の庭に面して建てられた。明治末期の建造である。参集殿《さんしゅうでん》は昭和四十六年に新築され、平成十二年に二階が大改修された。鉄骨二階建で高床式、屋根は入母屋式の銅板一文字葺きである。葵殿は儀式殿として昭和四十六年に新築され、平成十四年に葵殿と改称した。屋根は入母屋造の銅板一文字葺き、高床式の平屋造、鉄筋コンクリート造である。祈禱殿や結婚式場として使われる。平成の御遷宮では、仮本殿となった。

神像館(宝物館)

文化財や社宝を収蔵、展示している。高床式で屋根は切妻式瓦葺き、鉄筋コンクリート造である。昭和四十六年に新築され、平成六年、平安遷都千二百年を記念して改修し、宝物館と改称。明治期より京都国立博物館に預けていた重要文化財の三御神像を遷座し、一般公開している。男神像二軀と女神像一軀の三御神像を中心に、二十一軀の御神像を収蔵する。室町初期の境内図、元社家東家系図などが展示されている。社には古文書四千余点、古祭器三十余点が所蔵されている。

瑞翔殿・清明館「お酒の資料館」

瑞翔殿《ずいしょうでん》は平成八年に新築され、信仰と伝統文化発信のために使われてきた。清明館「お酒の資料館」は、休憩所だった建物を平成六年に増築改装した。酒造りの伝統的道具などが展示され、工程を解説したりしている。

松尾大社の御神像

神仏習合の時代を伝える三御神像

松尾大社に伝えられた男神像二軀、女神像一軀からなる三御神像は、平安初期の作で最古級の最優良作として重要文化財に指定されている。三軀とも一木造りで丹朱が塗られ、内刳《うちぐり》をほどこさない平安初期の彫刻方法で、体軀や表現も同時代の彫刻の特徴だという。三御神像は松尾社の御祭神とされ、老年男神像は大山咋神、女神像は市杵嶋姫命、壮年男神像は御子神といわれている。老年像は厳しい表情の中に翁の霊性を感じさせ、壮年像は冷静な表情の中に生命力が感じられる。女神像は母性を感じさせる豊かな身体に神秘的な表情が印象的である。

男神像二軀は、共に古式の冠である襆頭冠《ぼくとうかん》（結い上げた髻《もとどり》をおおう）をかぶり、冠の付属品である纓《えい》（紐）を、老年像は胸に、壮年像は背中に垂らしている。上着は縫腋袍《ほうえきのほう》を着用し、両腕は袖の中にあり笏を持っている。二軀ともに文官の古式の装束である。女神像は頭上で束ねた髪を腰あたりまで垂らしている。古式の女官の装束といわれるが、前身ごろが左衽《さじん》（左前）である。「男神像の笏」と「女神像の左衽」に通じる興味深い記録が『続日本紀』にある。「初めて民、百姓（全国の人）に、衣服の襟を右前させ、職事（職務をもつ有位者）の四等官以上の者に笏を持た

男神像（老年）

男神像（壮年）

せた。五位以上は象牙の笏、散位の者も笏を持つことを許した。六位以下は木の笏である。」(『続日本紀』養老三年二月三日条)

日本において古墳の人物埴輪の装束が左衽であり、古墳時代(四～六世紀)の装束は左衽と右衽が混合していたようである。養老の勅令はそれを統一している。中国では左衽は夷狄《いてき》(遊牧民)の服装とされ、漢民族(漢服)は右衽という習俗が厳しく規定されていた。隋や唐の文化が輸入されると日本でも右前に統一された。この養老の勅令以降、生者は右前、死者は左前とし、生者と死者の区別をしたともいわれている。死に装束の左前は名残である。女神の装束は、古墳時代の装束の名残なのか、神というこの世の存在ではないことを表現しているのか……。様々な想像がかきたてられる。

女神像

養老の勅令は笏にも大きな意味をもたせた。中国において笏は元々、官人が重要なことを忘れないように書きつけておく板だったといわれている。今でいうカンニング・ペーパーのようなものだろうか。六世紀頃に日本に伝わり、中国と同じように公事の式次第などを笏紙という紙に書いて笏の裏に貼りつけて使っていたという。しかし、笏は意外な方向へと進化する。儀式や神事のときに笏を持つことで、持つ人の威厳を正すためのものとなっていく。その変化の分岐点が、この養老の勅令という研究者もいる。把笏《はしゃく》は官人だけでなく、神官にも広がった。嘉祥二年（八四九）、松尾社の祝、禰宜は笏を持つことが許された。官人の把笏は「威厳を正す」という意味合いがあるが、神官の把笏は何を意味するのだろうか。次の史料にその答えがある。「三位以上神社神主并祝・禰宜等、同預把笏、以増、神威」（『類聚三代格』太政官符、斉衡三年・八五六）。神官の把笏は「神威を増す」意味合いがあったとされ、呪術的な意味合いも加味されたのである。

神道には偶像崇拝はなかったが、御神像が造られたのは仏教の影響といわれている。神仏習合に伴い神社に神宮寺が建てられるようになり、社僧が神社の祭祀を仏式で行っていた。その中で神道にも仏像のような信仰の対象が必要になり、御神像が造られるようになったと考えられている。松尾社の三御神像は、松尾社の神宮寺（明治に廃止）の御正体《みしょうたい》とし安置されていた。第三章で紹介したが、平安中期に、男神像の笏が何度か落ち怪異とみなされ、神祇官が軒廊御卜をしたり陰陽寮が占ったりした事件が起こった（99頁参照）。源師時《もろとき》の『長秋記《ちょうしゅうき》』には、御神像（御正体）は智証《ちしょう》大師こと円珍《えんちん》の御作とある。円珍は平安初期の天台宗の僧侶である。入唐《にっとう》八家《はっけ》の一人で第五代天台座主《てんだいざす》をつとめ、園城寺寺門派《おんじょうじじもんは》の祖となった。御神像ができた経緯はわからないが、『円珍伝』には、円珍が延暦寺《えんりゃくじ》の学頭となった承和十三年（八四六）に「松尾社にて法華経、仏名経などを一生の間、比叡明神社（日吉社《ひえしゃ》）で講ずる」と誓いをたてたとある。日吉社は延暦寺の鎮守社であり、円珍は篤く信仰していた。日吉社と同じ神、大山咋神を祀るのが松尾社である。円珍は松尾社で日吉社への祈禱をしていることからも、日吉と松尾を同じ神として敬っていたと考えられる。御神像造立の背景には、二社の関係があったと推測されている。

松尾社の『日次記《ひなみき》』によると、神宮寺には、神座（御神像）と仏体（仏像）が祀られていたようである。この史料には嘉永二年（一八四九）、神宮寺の正遷宮が行われたときに、尊像が太秦の広隆寺《こうりゅうじ》の塔頭、東陽院に預けられ、遷宮時に神座は神宮寺に遷し、仏体は東陽院に預け置くとある。松尾社は社僧を持たず、広隆寺から僧侶が派遣されていた関係からこのような文書が遺されている。細部の違いはあると思われるが、広隆寺に伝わる秦河勝《はたのかわかつ》夫妻像は、男神像と女神像に少し似通っているイメージをうける。

広隆寺と天台宗延暦寺は広隆寺伽藍神の祭礼、牛祭《うしまつり》でつながっている。入唐八家の一人、第三代座主慈覚大師円仁《じかくだいしえんにん》は牛祭の主神、摩吒《まだ》（多）羅神《らしん》を勧請し、天台宗の僧・恵心僧都源信《えしんそうずげんしん》が牛祭を創始している。葛野大堰を改修した道昌《どうしょう》は、承和三年（八三六）に広隆寺別当に就任し、焼失した堂塔や仏像の復興につとめ広隆寺中興の祖となっている。御神像の造立の背景には、同時代の円珍と道昌、松尾社、日吉社および延暦寺、広隆寺の関係があると考えられる。御神像がさかんに造られた平安初期に、その造立を先導したのは松尾社を中心とした葛野秦氏ではなかろうか。

三御神像は御神像史初期の稀少な文化財であると同時に、平安初期の神仏習合史を物語る重要な神宝である。三御神像は明治四十年に国宝指定（旧国宝）、昭和二十五年の文化財保護法により重要文化財に指定されている。

様々な御神像

神像館には、三御神像に加えて、平安後期から鎌倉期の十八軀の御神像が収蔵されている。最古の康治二年（一一四三）の銘がある女神像、能面「翁」の起源ともいわれる「笑相の像」、僧形像がある。本社のほか、摂社・末社に奉納されていたものもある。

七軀の女神像のうちの六軀は、唐服、菩薩や天部が着用する「褴襠衣《がいとうい》」を着用し、残り一軀は和装である。男神像は髻を結い、巾子冠《こじ》をかぶり袍《ほう》を着用している冠位の像である。
これらの御神像は末法思想の世で造られた貴重な像である。

■女神坐像　一軀（旧櫟谷社、像底に康治二年の銘がある）
■女神坐像　一軀（旧宗像社）
■女神坐像　一軀（旧月読社、寛保元年・一七四一、彩色の修復がされており顔は白く、装束に鮮やかな彩色が残る。太秦の大酒神社に安置されていた女神像とよく似ている）
■女神坐像　一軀（旧三宮社、像底に旧櫟谷社坐像と同様とみられる銘がある）
■女神坐像　一軀（旧金毘羅社）
■女神坐像　二軀（旧末社、二軀のうちの一軀は、他の六軀と違い、和装の女神像である）
■男神坐像　一軀（旧衣手社）
■男神坐像　二軀（旧四大神社）
■男神坐像　一軀（旧一挙社）
■男神坐像　四軀（旧末社）
■僧形神坐像　二軀（旧末社）
■天部形坐像　一軀（旧末社）

笑相の御神像

庭園と境内名所

名庭「松風苑」

松風苑の三つの庭（曲水《きょくすい》の庭・上古《じょうこ》の庭・蓬萊《ほうらい》の庭）は、昭和を代表する作庭家で現代庭園学の第一人者、重森《しげもり》三玲《みれい》氏の遺作である。重森氏は日本画、いけばな、茶道を研究。独学で日本庭園を学び、多くの名庭や著書を手がけ、日本庭園界に偉大な功績を残した。松風苑は重森氏が最後にたどり着いた究極の芸術作品である。三つの庭に二百余個もの徳島県吉野川の青石《あおいし》（緑泥片岩）が使われ、大自然とモダニズムが融合した現代庭園である。

曲水の庭（王朝の庭）は、曲水の宴など平安貴族の遊興場をモチーフとした庭園で、平安王朝の雅とモダニズムが見事に融合している。御手洗《みたらし》川が築山《つきやま》の周囲をめぐりながら流れ、点在する青石がその光景を愛でながら和歌を詠んでいるようである。四方のどこから見ても秀麗な姿が味わえる。

上古の庭（磐座《いわくら》の庭）は、神が宿る磐座をイメージした庭園である。庭の奥にある二つの巨石は、大山咋神と市杵嶋姫命をあらわし、それをとり囲む数多の石は随神を表現している。一面を覆うミヤコザサは、神々が降臨する神聖な高山の趣を伝えている。

蓬莱の庭（神仙信仰の庭）は、古代中国において海の彼方にある不老不死の仙人がすむ「蓬莱」という島をテーマにしている。「蓬莱（神仙）思想」は日本に伝わり、鎌倉時代に最も流行し、作庭にも影響を与えた。回遊式庭園で、鶴形の池に点在する島を蓬莱に見立て、観る人を仙界へ誘う。

総工費一億円をかけて昭和五十年五月に完成した三つの庭は、時空を超え、神界、雅界、仙

曲水の庭

上古の庭

蓬莱の庭

界を現代庭園に映した昭和の名庭である。

霊亀の滝と御手洗川、亀の井

詳細は、第一章「神代・松尾山磐座と御祭神の伝承」に記した（34頁参照）。

一ノ井川と山吹

一ノ井川は、秦氏が造営した葛野大堰から分水した洛西用水の一部である。嵐山の中ノ島から取水した二本の用水路のうち、その一つである一ノ井川は山手方面から、松尾大社境内を経て桂川下流域へ流れる。もう一つの東一ノ井川は桂川側を並行し、松尾大社門前を流れていく。境内には洛西用水竣工記念碑（55頁参照）が建立されている。

一ノ井川は社務所の裏手から境内に入り、山手を通り、月読神社方面へ流れていく。境内を流れる川沿いには三千株の山吹が植えられ、四月から五月には黄色い花が咲き乱れる。平成十年から山吹まつりが開催され、多くの参拝客でにぎわう。聖なる桂川の水は松尾山の水と合流して浄められ、松尾の里から南の地域の灌漑用水となる。

相生の松

謡曲『松尾』の「時知らぬ常磐木の、いく久し神松の……」というくだりは、この松のことといわれる。御本殿に向かって左側にある。雄雌が同じ根から生える樹齢三百五十年の名松だったが、昭和三十一年から二年頃に枯れた。昭和四十七年、幹に注連縄を巻いて覆屋を作り、保存されてきた。恋愛成就、夫婦和合の信仰がある。

幸運の撫で亀と双鯉

松尾大社の神使い「亀と鯉」に由来する（30頁参照）。亀を撫でると、寿命長久・家庭円満、鯉を撫でると恋愛成就・夫婦円満の御利益があるとされている。

境外摂社

葛野坐月読神社《かどのにますつきよみじんじゃ》

『松尾七社略記』によると、松尾社、月読社、櫟谷社は松尾三社と呼ばれる重要な社とされてきた。松尾大社の赤鳥居から南へ山沿いの道を約四百メートル行くと、松尾山を背後に葛野坐月読神社（西京区松室山添町）の御社殿がある。境内にある解穢水《かいわいのみず》は、解説板に「四時絶えることがない山からの霊水」とある。松尾山の「水元さん」を水源としているのだろうか。現在は小社だが、『延喜式』神名帳に掲載される式内社で、名神大社にあげられている。

月読神社

御祭神・月読尊《つきよみのみこと》は、『古事記』、『日本書紀』のイザナギ命・イザナミ命の御子神　三貴子《みはしらのうずのみこ》（天照大神、素戔嗚命ともに）の一柱である。『古事記』では親神から夜《よる》之《の》食国《おすのくに》を、『日本書紀』では青海原《あおうなばら》の統治をいい渡されている。神名「月読」（月を読む）は、月の引力による潮の満干によって月齢、暦を読むことを意味し、農耕、漁猟の神となっている。古代から天文、暦数、卜占、航海の神として信仰され、御神徳は五穀豊穣、豊漁守護、海上安全、そして、疱瘡除けの神、安産守護（月延石信仰）とされている。

古代中国に「月に桂の木が生える」伝説があり、月桂樹の語源となった。『万葉集』には桂と月人を詠んだ歌がある。月と桂は縁が深く、この一帯の地名である桂（桂里）について、このような記述がある。「月読尊が天照大神の命で、豊葦原《とよあしはら》の中津国《なかつくに》に下り、保食神《うけもち》のもとへ赴いた時、湯津桂《ゆつかつら》に寄って立った。（桂の木に依りついて）そこから桂里という地名がおこった。」（『山城国風土記』逸文・桂里）

氏子地域である桂という地名や桂川という名称は、桂里を起源としている。湯津は、清浄、神聖、葉が生茂るという意味があるので、一帯は桂の林が広がっていたのだろう。「仙境桂の里」（不老不死の仙人が棲む）とも呼ばれていたようで、貴族の別荘地として知られ、平安時代には藤原道長《みちなが》の別業、桂殿があった。江戸時代には八条宮により桂離宮《かつらりきゅう》が創設された。

月神と月読神社の縁起は次のように記されている。「阿閉臣事代《あへのおみことしろ》という人物が任那《みまな》に派遣された時に、月神（月読命）がある人に憑依しこのような御神託があった。『我が祖である高皇産霊《たかみむすびのみ》尊《こと》は、天地を創造した功績がある。民の土地をわが月神に奉るべきである。もし奉れば福慶を授けるであろう。』」（『日本書紀』顕宗天皇三年二月条）都に帰った事代は神託を奏上。朝廷は山背国葛野郡の歌荒樔田《うたあらすだ》（桂川右岸の桂上野《かみの》、左岸の桂里、下嵯峨斎宮神社付近、西七条の南・北月読町など諸説）の地を神領として奉った。月神の末裔と称する壱岐《いき》国の押見宿禰《おしみのすくね》（壱岐卜部《いきうらべ》氏）が御社殿を創建し、祠官として仕え、子孫は代々御神職を世襲して本貫地の壱岐を氏名とした。押見を祖とする壱岐氏は、後に壱岐国県主《あがたぬし》（島造）となった。

壱岐国は『古事記』においてイザナギ命・イザナミ命が五番目に産んだ島で、天比登都柱《あめのひとつばしら》（「天地を繋ぐ交通路」の意味）という別名を持つ。『隋書』などの中国の史書には一支国《いきこく》とあり、古語では伊伎、伊吉、伊岐、由紀、由吉などの表記がある。玄界灘の島国（諸島）で、対馬《つしま》と共に朝鮮半島との海上交通の要衝として重要視された。ゆえに律令制において、二つの島は国として扱われ、対馬国、壱岐国となった。壱岐国に祀られる月と潮汐の神、月読神社は、対馬国の海神、和多津美《わたつみ》神社とならんで、外交使節の航海安全祈願神として重要な神々だった。

壱岐氏は中国の亀卜《きぼく》を伝えて世襲し、壱岐卜部氏として神祇官の官人に任ぜられていた。『延喜式』には、卜部は壱岐、対馬、伊豆《いず》の三国から登用されたとある。

『日本文徳天皇実録』によると、この社は斉衡三年（八五六）に度重なる桂川の氾濫を避け、安全な松尾山麓松室村（現在地）に移転したとある。以降、祠官家（壱岐氏）は松室氏と称した。天安三年（八五九）、正二位に叙され、『延喜式』神名帳には、名神大社に列し、月次祭、新嘗祭には幣帛を賜ったとある。延喜六年（九〇六）には正一位勲一等になった。近世は松尾社の庇護下にあり、明治十年三月二十一日に公式に松尾大社摂社となった。例祭は十月三日にある。

山中に「月読神降臨跡」があり、伝承によると月読神が降臨の時に化粧をされていた場所だ

月延石

という。その時に使われた白粉は顔を美しくすることから「疱瘡除けの神」として信仰を集めた。神号額は日本最後の文人画家と謳われる富岡鉄斎《とみおかてっさい》の揮毫である。

境内には二社の摂末社がある。御船社《おふねしゃ》（松尾大社末社）の御祭神は天鳥舟命《あめのとりふねのみこと》で、水上交通の守護神。松尾祭の神幸祭前に、この社頭で船渡御の安全祈願が行われる。

聖徳太子社は、聖徳太子を御祭神とする。月読尊を崇敬した聖徳太子の徳を称えて、太子を祀った社で、学問の神様としての御神徳がある。聖徳太子の寵臣《ちょうしん》、秦河勝一族により祀られたともいわれる。

月延石《つきのべいし》は、別名安産石といわれ、『日本書紀』によると神功皇后《じんぐうこうごう》が筑紫に滞在された時に、この石を抱いて安産されたことに因む。『雍州府志《ようしゅうふし》』には月読命の神託により、舒明天皇八月に壱岐公乙などを筑紫に遣わして求め、この社に奉納されたとある。月読神が安産の神とされる由縁の御神蹟で、「戌の日」には安産の特別祈願があり、祈禱後に安産祈願石に名前を書いて月延石の前にお供えする。

櫟谷宗像神社《いちたにむなかた》

嵐山渡月橋の南詰、岩田山への登り口に櫟谷宗像神社（西京区嵐山中尾下町）は御鎮座する。櫟谷とは、社の西側にある谷ともいわれる。高台にある社からは嵐山が一望でき、秦氏が築造した葛野大堰を臨み、見守るようである。ここで鎌倉時代に詠まれた歌がある。

おほ井川しぐるる秋のいちひだに　山やあらしの色をかすらむ　藤原為家

（『夫木和歌集』）

御祭神は、奥津島姫命（櫟谷神社）と市杵島姫命（宗像神社）。宗像大社（福岡県宗像市）の御祭神のうちの二柱で、湍津姫命とあわせて宗像三女神（宗像大神）という。渡月橋北詰対岸にある大井神社に湍津姫命が祀られ、渡月橋と葛野大堰の守護として三女神が祭祀されたとの伝承がある（58頁参照）。

社の創始について、秦氏が葛野大堰を築造した際に祭祀したのではないかといわれている。葛野川（桂川）治水工事の安全、氾濫防止、船便の水難除けなどを祈願し、葛野大堰に最も近い川辺に水の女神を祭祀したと考えられる。桂川が保津峡を抜け、流れが緩やかに変わる場所に御

櫟谷宗像神社

鎮座していることから、この場を聖地として川の守護神、地主神を祀ったともいわれる。
古から水難除け（水の神）、海上交通の守護神（海の神）として崇敬されている。京都では火伏の神である愛宕《あたご》山とならんで、「火難除けの愛宕さん、水難除けの櫟谷さん」といわれた。女神像二軀が伝承され、京都府指定有形文化財で松尾大社神像館に所蔵される。
天智天皇七年（六六八）、筑紫の宗像から勧請されたと伝えられる。現在、櫟谷神社と宗像神社は一つの社になっているが、室町時代の「松尾大社と近郷図」には、独立した御社殿で隣接して描かれているので、元は独立していたようである。
『延喜式』神名帳では、櫟谷神社（櫟谷神）のみが式内社に列しており、嘉祥元年（八四八）に無位から従五位下（『続日本後紀』嘉祥元年十一月二日条）、貞観十年（八六八）に従五位から正五位（『日本三代実録』貞観十年閏十二月十日条）と神階が授けられている。

社の神主は、秦氏（東家）が世襲していた。かつてこの社から裏山を登り、松尾社磐座に参拝する大上（大登）神事（磐座登拝神事）があったという。現在は行われていないが、松尾社にとって重要な末社だったことがわかる。例えば、このような記録がある。「葛野鋳造（銭）所の近くにある宗像、櫟谷、清水、堰、小社五神に鋳銭所で鋳造された新銭が奉納された」（『日本三代実録』貞観十二年・八七〇）。対岸に「平安初期鋳銭司旧址」という石碑がある。市杵島姫命は弁財天と習合され、福徳、知恵、財宝、芸能、良縁成就の守護神とされ嵐山弁財天と称されてきた。

鎌倉末期の記録に、「櫟谷宗像両社焼亡、両社の御神体が焼けた。これ松尾の末社なり」（『百練抄』仁治二年八月七日条）、「山崩れで大堰川が塞がれ、宗像神社の鏡石が崩落し、朝廷に報告された」（同　寛元二年三月二十六日条）などとある。

境外末社

三宮《さんのみや》神社

右京区西京極北裏町にある。御祭神は玉依姫命、大山祇神《おおやまずみのかみ》（山野の霊を神格化した神。農耕に不

三宮神社

可欠な水、雨、霧、山、渓谷などに憑る気象上の自然現象を支配する神）、酒解神《さかとけのかみ》（神格は不明。境、道の神＝道祖神という説がある）である。

『神社明細帳』によれば大宝年間（八世紀初期）の創建で、最初に玉依姫命が勧請され、後に他の二柱が合祀され、「三宮」と呼ばれたとある。昭和二十八年九月より松尾大社末社となった。川勝寺《せんしょうじ》地域（葛野大路七条付近一帯）の産土神である。川勝寺という地名に関して、『山州名跡志』には「此所は古、秦河勝が建立する所の川勝寺あり。その寺滅亡すといえども呼んで村名となす」と記されている。秦河勝の名前を冠する川勝寺という寺があり、地名になったという。これが蜂岡寺（太秦広隆寺）前身かどうかは定かでない。しかし、桂川の水運による木材流通の集積地として早くから開けていたという。

松尾祭では、川勝寺地区の氏子が三宮社神輿の駕輿丁《かよちょう》を勤める。神輿渡御の際に川勝寺地区から特殊神饌菓子「おいで団子」が奉献される。境内は三宮社御旅所となり、神幸祭（おいで）から還幸祭（おかえり）の間を「まつり」と称し、地区をあげて奉祝する。駐輦《ちゅうれん》七日目に七日開祭が行われる。

境内社に道祖神社〔御祭神　猿田彦神〕〔羽山戸神、別雷神、大山咋神、応神天皇合祀〕がある。

衣手《ころもで》神社

桂川の左岸、右京区西京極東衣手町にある。御祭神は、玉依姫命、羽山戸神。衣手の森という老樹の木立に覆われた古社で、創建年代は不詳。郡《こおり》地区の産土神で、「郡に座す三宮神社」と称されてきた。郡地区の氏子は、古くから衣手社の駕輿丁を勤める。明治八年に羽山戸神を合祀した時に、衣手社御旅所となった。『神社明細帳』によると、明治十一年三月に社格が無格から官幣大社松尾神社末社となり、社名も三宮神社から衣手神社と改称された。

衣手の森は、平安の昔から歌枕として詠まれてきた森である。春は花、秋は紅葉の名所だったという。現在はケヤキやクスノキの老樹が生茂る。境内には衣手の森の石碑がある。『京師巡覧集』（延宝七年・一六七九）や『雍州府志』、『京羽二重』などの地誌には、森は松尾社とその北西、嵐山との中間にあったと記されている。『山城名勝志』は松尾社の東方にあったとし、『山州名跡志』は松尾社の東南にあったとしている。これらの地誌に共通するのが、桂川右岸にあり森には社が祀られていたことである。『京師巡覧集』や『山城名勝志』には、洪水で森が流さ

衣手神社

れ河原となったことを記している。おそらく社は移転を繰り返し、この地に根をおろしたのだろう。古老の話では、石碑は桂川右岸の中柱あたりで見つかり、この地に運ばれてきたという。

境内末社に、野々宮神社（御祭神　斎宮［天照大神］）、諏訪社（御祭神　建御名方神《たけみなかたのかみ》）、幸之神社（御祭神　道祖神［猿田彦命］）、八王子社（御祭神　素戔嗚命の御子神）、山王神社（御祭神　日吉社［大山咋神］）がある。いずれも祭祀年代は不詳。御本殿前に「産砂の神石」という石が奉安されているが、由緒は不明である。

特殊神事、奉射祭は、元々は三月一日だったが、現在は三月第一日曜日に行われている。神事の後、御本殿南側に設けられた四角の大的に向け、斎主が四本の矢を射る。御神前には御供《ごくう》という特殊神饌を供える習わしがある。農耕作業が始まる春に、悪霊を追い出し、村の安穏無事、無病息災、五穀豊穣を祈願したのではないかといわれている。

綱敷行衛天満宮《つなしきゆきえてんまんぐう》

下京区西七条北東野町にある。御祭神は菅原道真公（菅相公）。『山州名跡志』にこう記されている。「伝承は不詳。按ずるに綱敷とは、菅相公が筑紫へ遷られる際、船より上がられる時に御座がなく、綱を敷いて御座とした。この時に一夜にして白髪になられた。その尊像を綱敷像とも一夜白髪の御影ともいう。その尊像を安置する社なので社名となったものか。」

綱敷行衛天満宮

合祀されている行衛《ゆきえ》天満宮は菅相公の乳母、多治比《たじひの》文子《あやこ》旧宅跡と伝えられる。社前の靫負《ゆきえ》通が社名の由来となったという。菅相公はこの道を通って、吉祥院《きっしょういん》（菅氏領地）に通ったという。靫負は、矢を納める靫を身に着けた武人を意味する。北野天満宮、綱敷行衛天満宮、吉祥院天満宮は御前通に面して一直線に建てられている。綱敷天神像は北野天満宮にも所蔵されている。松尾大社末社になった経緯は不詳である。

御旅所

御旅所は松尾祭の際に松尾七社の神輿と唐櫃《からひつ》（月読社）が駐輦する場で、氏神と氏子を結ぶ神聖な場所である。現在は、西七条《にししちじょう》御旅所、三宮神社（川勝寺《せんしょうじ》）、衣手神社（郡《こおり》）との三ヶ所に駐輦し、朱雀《すざく》御旅所では還幸祭に神事が行われる。

西七条御旅所

御祭神は松尾大神。創始については詳細な史料はないが、平安末期にはあったとされる。西七条には三ヶ所の御旅所があったが、明治に現在の西七条御旅所（下京区西七条南中野町）一ヶ所に定められた。江戸時代までは朱印地二百余石を与えられていた。『山城名跡巡行志』（浄慧《じょうえ》著、宝暦四年・一七五四）に、「松尾七社のうち大宮、四大神の二座の御旅所なり。例祭の三月下巳日に御出、御出より七日目社前に能あり（七日開という）。四月上酉日に祭礼があり、その間、神能が演じられた」とある。境内には戦前まで能舞台があり、能や狂言が奉納されていたという。『能楽源流考』（能楽研究者・能勢朝次《のせあさじ》著）には、このような記述がある。

『実隆公記《さねたかこうき》』（三条西実隆の日記）に「西七条で女猿楽勧進《かんじん》あり」と書かれている。西七条とは松尾社御旅所ではないか。同時代の文献に「七条の亀大夫」という猿楽師が多々登場する。この人は松尾大社に通じる亀を芸名にした七条に住む氏子かもしれない。

御旅所の大行事家（社務、神事を取り仕切る役割）だった中村家（若一神社神官家）には、江戸時代の日誌が残されており、神幸祭御旅所祭礼で上演された能・狂言の番組表が記載されている。祝らしく翁三番叟からはじまり、毎年様々な番組が上演されている。安政三年（一八五六）三月二十八日の御旅所上演の番組表には、『羽衣』を演じた能のシテの役者名に川勝喜代吉の名がある。金春流は秦河勝を祖とするが、その流れだろうか。能楽師や狂言茂山社中などが奉納し、「七条お旅の演能」は人気の奉納芸能だったようである。

西七条御旅所

　社僧が参勤し、神仏習合の祭祀も行われていたという。神幸祭の折に、七条金光寺《こんこうじ》（時宗）の僧侶が念

西寺跡

朱雀御旅所

仏をあげたと伝えられる。
現在は松尾祭の神幸祭から還幸祭までの間、大宮社、四大神社、櫟谷社、宗像社、月読社（唐櫃）が駐輦する。
境内社武御前社は武甕槌神《たけみかづちのかみ》を祀っている。

朱雀御旅所（松尾總神社）

下京区朱雀裏畑町にある。御祭神は月読命。京都中央卸売市場近くにある御旅所で、創建は不詳だが西七条御旅所と同時期にはあったとされている。松尾祭還幸祭当日、旭の杜《もり》（西寺跡）に集合した松尾七社の神輿や唐櫃がこの社に立ち寄り、朱雀地区からの御神饌を受けて神事が行われる。祭典が終ると、神輿や唐櫃、榊御面は松尾大社に還っていく。

旭の杜（西寺跡）

南区唐橋西寺町にある。国史跡西寺跡公園のところである。神幸祭で、西七条御旅所、三宮社御旅所、衣手社御旅所に駐輦していた六基の神輿と、月読社の唐櫃が、約三週間後にここに集合し、還幸祭が斎行される。最初に入るのは大宮社（駕輿丁・唐橋地区）で西寺跡の丘に登り神輿振りを披露する。神輿と唐櫃は、唐橋の氏子赤飯座《あかいざ》から特殊神饌、西ノ庄の粽講の御供をうけて神事が行われる。

ここが旭の杜と呼ばれる由緒は定かでない。松尾祭の日には、全氏子代表が集まり大いに賑わいをみせる。

神宮寺跡

室町初期の境内図『山城国松尾神社及近郷絵図』には、山麓あたりに神宮寺が描かれている。神宮寺が創建された時期は定かでないが、平安末期に神宮寺についての記述があり、その頃には建立されていた可能性が高い。

陽成《ようぜい》天皇の元慶四年（八八〇）五月二十日に、松尾社と諸社で祈雨のための「灌頂経」が修せられた記録があり、神仏習合の祭祀が広く行われていたことがわかる。『松尾大社文書』の三条天皇の長和二年（一〇一三）六月二十二日条に松尾神宮寺の名がある。また、鳥羽《とば》天皇の永久四年（一一一六）に収められたものに、松尾社神主秦宿禰親任の発願《ほつがん》にて一切経の書写をした記事がある。妙蓮寺（京都市上京区寺之内通大宮東入）に重要文化財に指定されている「松尾社一切経」が残されているほか、日野の法界寺（京都市伏見区日野）に収められたものに、「松尾一切経之内永久四年六月十二日書写畢　願主神主秦宿祢親任」という識語が書かれている。各地に残る「松尾一切経」は、松尾社神宮寺で一切経の書写が盛んに行われていたことを伺わせる。『松尾神社誌』には神宮寺について、このように書かれている。

通常神社（鎮守宮）と神宮寺とは、近い地域に並立し神職と社僧が兼役するものなので、本社の神宮寺も同じ地域にあるので、比叡山延暦寺と日吉大社のような関係があるべきである。しかし当社には神宮寺創立沿革を示す資料を欠き、室町時代中葉以降まであった本願所があるのみである。本社の南西藪町の地に臨済宗天龍寺末寺の西芳寺《さいほうじ》（苔寺）があり、寺伝では行基菩薩開基、夢窓国師《むそうこくし》中興とする。境内の黄金池の傍らに松尾明神影《よう》向《ごう》の松があり、西芳寺の為に本社より若干の土地を寄進した記録はあるが神宮寺という証拠はない。延朗の最福寺、鳳潭《ほうたん》の華厳寺《けごんじ》（鈴虫寺）、法輪寺、広隆寺などは、単に本社供僧職（松尾社に社僧を派遣）であったことが分かるだけで、それ以上のことは分からない。松尾社神宮寺は、社僧をもたず広隆寺、法輪寺、華厳寺、最福寺から社僧が派遣されていた。

本願所については、『松尾大社文書』にこのような記録がある。

神宮寺立　殿折帋案　享禄二年

当社経所之儀為別在所取立之由候被成其意得由本官所候也仍執達如件

二月四日（享禄二年・一五二九）　信久（判）

松尾一社御中

神宮寺の経所が独立して、本願所と称したという。『松尾大社文書』の享保十七年（一七三二）九月の記録に、その職掌についてこうある。

天文年間（一五三二〜五五）、社家が協議した内容を今に伝える。本願所の僧の職掌は、舎利講の事、社外門戸の開閉、社域掃除等の下官にして、本社仏事方面と社頭の清潔とに関する一種の世話役なることを推知せしむ。

神宮寺には、御祭神の御正体とされる三軀の御神像が安置されていた。神宮寺が移転した際には、広隆寺に御神像と仏像が預けられていた記録が残されている。

社僧を派遣していた広隆寺と法輪寺は、承和年間に葛野大堰を改修した道昌が持住に就任しており、松尾社と法輪寺、広隆寺が連携する礎を築いた可能性がある。禁門の変の後、本堂は法輪寺に移築されたという。神宮寺は、松尾、嵐山、太秦に在した葛野秦氏の宗教者によるネットワークで運営されていたのではなかろうか。

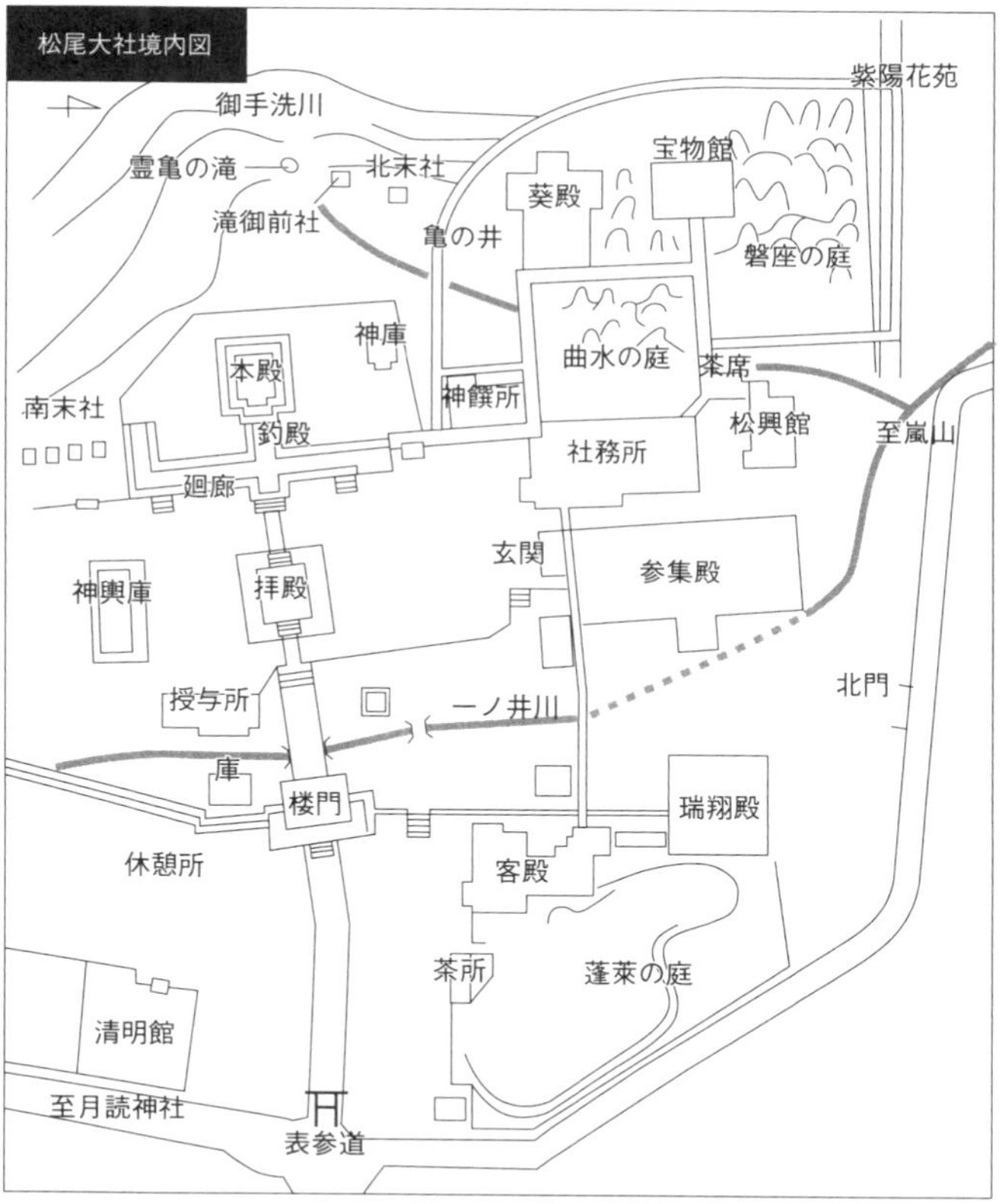

松尾大社編『松尾大社』（学生社）より転載

あとがき

日本は国土の約七割を緑豊かな山地でおおわれている。この国に住むものにとって、身近な大自然が山である。山は水や恵みを与えてくれるが、自然への畏怖《いふ》を感じさせる。ゆえに「山への信仰」は、古い時代から自然発生的に生まれた。

人々は豊かな水をうむ山を神が宿る神奈備《かんなび》とし、磐座《いわくら》をつくって祀り、祈るために山に登った。磐座は、原初の自然・精霊崇拝（アニミズム）を伝える日本人の信仰のみなもとである。松尾山に築かれた巨大な磐座は、そうした日本人の自然観を呼び覚ます。

また、神仏習合《しんぶつしゅうごう》という日本独自の信仰のかたちにおいて、土着の神と外来の仏を結びつけているのが山である。仏教には須弥山《しゅみせん》を世界の中心とする宇宙観があり、大陸伝来の仏教は神々がおわす山に抵抗なく入ることができた。ゆえに最澄は比叡山、空海は高野山という大聖地をひらいたのである。神仏習合は、明治時代までじつに千年余という長きにわたり続いてきた。

宗教哲学者の山折哲雄氏は、神仏習合と自然（山）について、「日本人は千三百年の歴史で、神と仏に対する信仰を見事に共存させてきた。松尾大社の御神像は目には見えない神という存在を、仏教の影響をかりて形にした最古のものという。翁（能楽の神）に似ている御神像もある。

空海が中国からもたらした曼荼羅《まんだら》は、仏がぎっしりと描かれている。しかし、日本において中世に描かれた曼荼羅は、中央に山があり森や樹木があり自然が中心になっている。自然の中に神々が宿り、仏たちが鎮まるという信仰を表している」と述べている。

日本民俗学の父、柳田国男氏は「山の神」について、「山の神は、春に里に降り田の神となる。実りと収穫をもたらし、秋の終わりに山にかえり山の神となる。死者の魂は故郷の山々へ行き、供養されることで個性や死穢《しえ》を失い浄化されほかの祖霊と一体化して祖先神となる」と述べている。農耕にかかせない水を生む山の神は、田の神となり季節ごとに山と里をめぐり、人々を守ると考えられた。そこに祖霊信仰が結びつき、死者の魂が山にいくという「山中《さんちゅう》（上）他界《たかい》観《かん》」が根付いてきた。葬送を「山送り」というのは、その名残だろう。山は神が座し、死者の魂や精霊が宿る神聖な場所とされてきたのである。

パワースポットとは、「生命力のある場所」である。その多くが太古から自然崇拝が行われてきた聖地となっている。そのなりたちを考えてみよう。豊かな水源がある山は広大な森を育て、生命力を象徴するような巨木があらわれる。山で修行する聖は、そうした巨木に霊性を感じ注連縄《しめなわ》をはり、聖地をひらく道標《みちしるべ》としたのではなかろうか。多くの聖地で山や水、巨木が祀られているのは、そうしたなりたちを物語っているかのようである。

平安京遷都のときに、桓武《かんむ》天皇は京都盆地を「山河襟帯、自然作城」（山が襟のようにかこみ、川が帯のように流れ、自然の要害をなしている）とたたえた。じつはこの地形こそが、世界的にも珍しい千年以上続いた都となった背景なのである。つまり都の三方をかこむ京都三山（北山、東山、西山）が、都市としての生命力をささえてきた。京都の人々は、山の恵みに感謝し山麓に数多《あまた》の聖地を築いてきた。三方にある代表的な聖地に共通するのが、山と水の祭祀である。

鴨川、桂川の水源域である北山には、河川の水をコントロールし浄化する水源涵養《かんよう》保安林が広がる。ここには樹高日本一に認定された大悲山峰定寺《だいひざんぶじょうじ》の御神木「花脊《はなせ》の三本杉」や、鴨川源流神（龍神）を祀る貴船《きふね》神社がある。東山三十六峰の稲荷山には多くの滝場や湧水があり、稲荷神（農業神）を祀るこの山が深草地方の水源だったと考えられる。西山にある「生命力のある場所」が、松尾大社である。松尾山の巨大な磐座と水源「水元《みずもと》さん」は、古代の人々がどのように神を祀り、大自然と共存してきたかをつたえる貴重な御神蹟である。

松尾大社が、お酒の神様（醸造祖神）として日本全国の蔵元の信仰をあつめてきたのは、境内に湧く霊泉「亀の井」に由来する。古式にしたがい磐座（山）と水が祭祀され、今もその霊水が暮らし、文化に息づいているところに、日本人の信仰の源を感じることができるのである。

先住の人々の磐座信仰を受け継ぎ、松尾大社を創建したのが山背《やましろ》国の開拓者、秦《はた》氏だった。秦氏は、治水《ちすい》、灌漑《かんがい》、土木、建築、鉱山、金属精錬、養蚕《ようさん》、機織《はたおり》、作陶など大陸伝来の先端技術を有して渡来。技術力や財力で大和朝廷の国づくりに貢献し、平安京の造営にも大きく寄与している。また、医療、信仰、宗教、芸能、芸術などを伝え、日本文化の礎を築いた。

松尾大社は「賀茂の厳神《げんしん》、松尾の猛霊《もうれい》」とならび称される平安京の守護神となり、以来皇室の深い崇敬をうけ、時代の権力者から篤い信仰がよせられた。本著は神代から近世にわたる松尾大社と、社を創建し支えた秦氏の壮大な歴史の物語である。

平成の御遷宮がつつがなく終わり、御神威あらたかになられた松尾大社。ここから今の時代に発信されるものは、大自然と人間とのかかわり方の原点のように感ずる。それは日本人としてもつべき「未来への英知」ではなかろうか。

本著執筆の機会を賜った松尾大社宮司生嶌經和様、膨大な資料をお世話くださった竹内直道禰宜様、西村伴雄権禰宜様、そして編集担当の安井善徳様ほか、関係者各位様に心より感謝する。

令和元年十二月

丘　眞奈美

■参考文献

『松尾大社史料集』典籍篇　一～四　松尾大社史料集編修委員会　松尾大社社務所
『松尾大社史料集』文書篇　一～七　松尾大社史料集編修委員会　松尾大社社務所
『松尾大社史料集』記録篇　一、三　松尾大社史料集編修委員会　松尾大社社務所
『洛西』一号～四十号　松尾大社社務所
『松尾大社の神影』伊東史朗編　松尾大社社務所
『松尾大社』松尾大社編　学生社
『神社古図集』宮地直一監修　臨川書店
「秦氏の研究―その文明的特徴をめぐって―」平野邦雄（『史学雑誌』第七〇篇三・四所収）
『日本古代国家の成立』直木孝次郎　社会思想社
『秦氏の研究』大和岩雄　大和書房
『秦氏とその民』加藤謙吉　白水社
『秦氏とカモ氏』中村修也　臨川書店
『桓武天皇』村尾次郎　吉川弘文館
『秦河勝』井上満郎　吉川弘文館
『桓武天皇』井上満郎　ミネルヴァ書房

『京都　よみがえる古代』井上満郎　ミネルヴァ書房
『京都・大枝の歴史と文化』村井康彦編　思文閣出版
『新撰姓氏録の研究　本文篇』佐伯有清　吉川弘文館
「史跡木嶋坐天照御魂神社境内」（京都市埋蔵文化財研究所発掘調査概報2002-15）
「古代の東アジアと京都盆地」上田正昭（京都府埋蔵文化財論集第七集所収）
「太秦・嵯峨野地域の遺跡２」高橋潔（第２２３回京都市考古資料館文化財講座レジュメ）
「太秦・嵯峨野地域の遺跡３」丸川義広（第２２５回京都市考古資料館文化財講座レジュメ）
『翁と河勝』梅原猛　角川学芸出版
『別冊太陽　日本の神』山折哲雄監修　平凡社
『精霊の王』中沢新一　講談社
『京都奇才物語』丘眞奈美　ＰＨＰ新書
『京都「魔界」巡礼』丘眞奈美　ＰＨＰ文庫
『The Kyoto Manifesto for Global Economics（京都の伝統文化における３つの基盤 論文集）』「Chapter6 The Three Foundations of Kyoto's Traditional Culture」丘眞奈美　シュプリンガー社

〈写真提供〉
松尾大社　1〜4・31・109・134・136・139・140・149・165・181・187・191・192・198・201・202・206・208・211・223・224頁

丘 眞奈美（おか・まなみ）

京都市生まれ。合同会社京都ジャーナリズム歴史文化研究所代表、歴史作家。京都ノートルダム女子大学文学部英語英文学科卒業。出版社、放送局勤務を経て放送作家に。毎日放送「映像'80友達　宗谷岬発武庫川行き」で文化庁芸術祭大賞を受賞。京都伝統文化の森推進協議会、京都遺産選定委員、京都府これからの文化行政検討会議委員、京都市観光おもてなし大使など自治体有識者委員多数。講師、番組コメンテイターを務める。著書に『京都「魔界」巡礼』（PHP文庫）、『京都奇才物語』（PHP新書）、『京おんなに学ぶ』（光村推古書院）、『The Kyoto Manifesto for Global Economics』（共著論文、ドイツ・シュプリンガー社）など。

松尾大社　神秘と伝承

令和二年二月四日　初版発行

著者　丘 眞奈美
監修　松尾大社
発行者　納屋 嘉人
発行所　株式会社淡交社
本社　〒六〇三―八五八八　京都市北区堀川通鞍馬口上ル
営業　（〇七五）四三二―五一五一
編集　（〇七五）四三二―五一六一
支社　〒一六二―〇〇六一　東京都新宿区市谷柳町三九―一
営業　（〇三）五二六九―七九四一
編集　（〇三）五二六九―一六九一
www.tankosha.co.jp

印刷・製本　亜細亜印刷株式会社

ISBN978-4-473-04351-1
定価はカバーに表示してあります。